HENRIQUE DUARTE NETO

TARSO DE MELO

ENTRE A PERSPECTIVA ONTOLÓGICA E A ABORDAGEM SOCIAL

KOTTER
EDITORIAL

Coordenação editorial: Sálvio Nienkötter
Editor-executivo: Raul K. Souza
Editores-assistentes: Daniel Osiecki, Francieli Cunico
Capa e Projeto gráfico: Carlos Garcia Fernandes
Revisão: Daniel Osiecki
Produção: Cristiane Nienkötter
Preparação de originais: o Autor

Dados Internacionais de Catalogação na Publicação (CIP)
Angelica Ilacqua CRB-8/7057

Duarte Neto, Henrique
Tarso de Melo : entre a perspectiva ontológica e a abordagem social / Henrique Duarte Neto. -- Curitiba : Kotter Editorial, 2021.
152 p.

ISBN 978-65-86526-94-3

1. Melo, Tarso de, 1976- Crítica e interpretação 2. Poetas brasileiros I. Título

CDD B869.8

21-0441

Kotter Editorial Ltda.
Rua das Cerejeiras, 194
CEP: 82700-510 - Curitiba - PR
Tel. + 55(41) 3585-5161
www.kotter.com.br | contato@kotter.com.br

Feito o depósito legal
1ª Edição
2021

HENRIQUE DUARTE NETO

TARSO DE MELO
ENTRE A PERSPECTIVA ONTOLÓGICA E A ABORDAGEM SOCIAL

Para minha mãe, Marta, e meu pai, Ary (in memoriam),
exemplos de vida e de ternura.

"alguns lugares
vagos, fotografias
escondidas
e o propósito de sempre

procurar
nunca encontrar"
Tarso de Melo

INTRODUÇÃO

Este ensaio tem como seu maior objetivo tentar abordar, através de um voo panorâmico sobre toda a obra de Tarso de Melo[1], as zonas de força de sua cosmovisão poética. Esta obra foi produzida em quase vinte anos de caminhada, mais especificamente entre a publicação de seu primeiro livro, *A lapso*, de 1999, e o último, o seu oitavo, *Dois mil e quatrocentos quilômetros, aqui*, de 2018. Dedicaremos desta forma um capítulo a cada um dos oito livros do autor, procurando quando possível estabelecer diálogos entre eles, desde que estes não prejudiquem a própria autonomia de cada uma de suas produções poéticas.

Assim, buscaremos enfocar em detalhes o que chamamos de perspectiva ontológica, por um lado, e de abordagem social, por outro. Embora, como apreciaremos através de certos poemas, estas duas instâncias da cosmovisão tarsiana possam se casar, na maior parte das vezes aparecem como algo distinto. Neste sentido, o poeta ou traz mais para perto da poesia a questão filosófica acerca do ser e da sua existência contingente, relacionando-o com o nada, com o vazio, etc., ou, por outro lado, se mostra o intérprete da sociedade, dando uma tonalidade de cunho sócio-histórico-político à forma de se exprimir. Importante é considerar que, além desta cosmovisão, buscaremos abordar aspectos relacionados também à própria estrutura dos poemas, que nos possibilitam igualmente apreender e aprender o que saber sobre eles.

Deste modo, traremos, além destes aspectos centrais, outros que possuem relação com a obra de Tarso de Melo. Mas,

---

[1] Descontadas as duas Antologias organizadas pelo autor e a produção anterior ao ano de 1999, desconsiderada pelo próprio poeta. O ano de 2018 foi tomado como ano final para o recorte de nosso trabalho.

além disso, também é relevante um bom arcabouço teórico. Nesta medida, obras de Octavio Paz, Emil Michel Cioran, Maurice Blanchot, Jean Baudrillard, Michel Hamburger, Johann Huizinga, Linda Hutcheon, Roger Cardinal e René Girard, e alguns mais, servirão de instrumental para nosso empreendimento crítico. Por outro lado, as possíveis convergências e divergências com poetas e escritores nacionais ou internacionais também deverão ser enaltecidas. Assim, entre outros, serão sublinhados aspectos da obra de autores como Carlos Drummond de Andrade, Mário de Andrade, Augusto dos Anjos, Ferreira Gullar, João Cabral de Melo Neto, Ricardo Reis, Charles Baudelaire e Franz Kafka em convergência com aqueles desdobrados na produção poética do autor de *Caderno inquieto*.

Ademais, buscaremos defender que é nos momentos em que Tarso de Melo se preocupa tanto com a fatura interna quanto com a externa, que sua obra alcança seus melhores resultados. Neste sentido, além dos poemas de fundo filosófico/ontológico/existencial que o poeta, como veremos, cria com maestria – expondo uma poesia que chamaremos de poesia da perda ou da subtração, advinda de uma espécie de Máquina de Negatividade –, também em certos momentos, de não menor engenho, alia-os com a vertente social. Porém, demonstraremos que há casos em que não há a junção entre exterioridade e interioridade, sendo que a primeira condiciona a segunda.

Quando este último caso acontece ao poeta de *Exames de rotina* tentaremos demonstrar que sua poesia de certa forma claudica, não por cair *ipsis litteris* no panfleto, mas por abrir margem para a poesia perder em termos estéticos uma parcela importante de sua materialidade e simbologia. Mas, por outro lado, buscaremos abordar que é na maior parte de sua obra que Tarso de Melo alcança um patamar digno de registro, fazendo assim poesia original.

Este trabalho, espécie de ensaio monográfico, será dividido em oito capítulos. No primeiro, nos defrontaremos com o livro de estreia de Tarso de Melo, *A lapso*, e veremos como sua poesia já possui um perfil, uma feição muito própria, revelando que se ainda não conhecemos o melhor do poeta, já se está a caminho disto. Já no segundo capítulo, sobre *Carbono*, afirmaremos a hipótese da continuidade do percurso poético em relação ao primeiro livro e a confirmação de um talento, visto que o poeta enfatiza, sofistica e expande sua cosmovisão, tornando-a ainda mais relevante. Analisaremos como, por exemplo, o poeta se expressa tendo por preferência a concisão, uma espécie de minimalismo, já presente no livro anterior. No que concerne ao terceiro capítulo, sobre *Planos de fuga e outros poemas*, consideraremos a tese de que ocorre propriamente o apogeu de uma primeira fase ou momento da poesia tarsiana. Enfatizando a questão da perda, da subtração, caracterizaremos como esta poesia encaminha a anunciação de uma perspectiva ontológica/existencial.

Porém, no quarto capítulo, acerca de *Lugar algum*, veremos que as coisas mudam de figura. Procuraremos defender que se inicia uma nova fase, a de uma preocupação também aguda com o viés social, além da questão ontológica/existencial, e que em alguns momentos o poeta esbarra nas limitações de uma sociologia poética. Já no quinto capítulo, temos a coleção *Exames de rotina*, que mais do que uma obra independente, como buscaremos caracterizar, parece ser uma extensão do livro anterior, ou seja, uma grande seção de poemas de *Lugar algum*. O livro, será nossa hipótese interpretativa, enfatiza os mesmos temas do quarto livro, girando em sua órbita, o que o torna menos original que os anteriores.

Entretanto, um novo caminho parece-nos ensejado, como procuraremos caracterizar no sexto capítulo, com a poesia presente em *Caderno inquieto*. Aqui volta o tema do *ser*, e a sua redução à perda, à subtração, à Máquina de Negatividade. Mas ao lado destas questões ontológicas e existenciais, será postulado também uma questão muito especial: a do mistério poético. Neste sentido, o mistério em torno da enigmática e infinita inspiração, da obra poética, da própria criação será enfatizado.

Por outro lado, na sétima parte, sobre Íntimo desabrigo, mostra-se uma volta, como defenderemos, ao engajamento social, que de certa forma o quarto e o quinto livros propiciaram. Só que esta volta não significará submissão. Na maioria dos poemas de temática social da coleção de 2017 há uma verdadeira efusão lírica, que se dá pela intersecção entre o elemento interno e o externo, entre a estética e o contexto social. Como veremos, há um caso apenas em que o extrínseco condiciona o intrínseco e, ao invés da obra propriamente, temos mais um documento, um testemunho social.

Caso que analisaremos como à parte é o oitavo livro, tratado no oitavo e último capítulo. Em primeiro lugar por ser um livro a quatro mãos, pois Tarso de Melo escreve ao lado de Carlos Augusto Lima. Depois por ser um livro brevíssimo, 11 poemas para cada autor. Por fim, no que especifica basicamente a parte de Tarso, fica evidente a quase omissão da cosmovisão presente em todos os outros livros, para se elencar outros aspectos de sua nova perspectiva: a ironia, o humor, o tom elegíaco, a autorreferencialidade poética. Apesar de não serem aspectos inéditos na sua obra anterior, como veremos, são pouco disseminados, principalmente a ironia e o humor.

Por isso mesmo, se há uma duplicidade de "eus" em Tarso de Melo, ou seja, um "eu" mais voltado para o estetismo e que caracteriza, no interior de sua cosmovisão, uma ontologia existencial com enfoque negativo, marcada pela perda, bem como outro "eu" marcado pelo enfoque social, *engagée*, por outro lado, podemos ter, a partir deste último livro uma terceira perspectiva.

Veremos assim, que neste trabalho sobre uma poesia que caminha com constâncias e inconstâncias, com passos seguros e errâncias, com determinantes e variações, a crítica pode postular hipóteses sofisticadas sobre algo que por sua própria natureza é muito sofisticado: a elevada e densa poesia. E já de antemão, sem receios ou medo de apriorismos, consideramos a poesia de Tarso de Melo como tal.

SUMÁRIO

1
A *LAPSO*: UMA ESTREIA PROMISSORA

Diante de um primeiro livro de poemas várias histórias podem ser contadas. Entre elas, podemos entrever, as que apontam para todo o gênio do autor já na sua estreia, como é o caso de um Roberto Piva, com *Paranoia*. Há outros casos em que a primeira coleção de poemas é indigna do autor, tal como acontece com Mário de Andrade e seu *Há uma gota de sangue em cada poema*. Existem também aqueles casos em que a obra inicial não mostra todo o gênio do autor, todavia, não obstante, deixa entrever em gérmen todo o potencial que vai se desenvolver nas posteriores. Este é o caso de *Anotações para um apocalipse*, de Claudio Willer. Neste último caso, o da obra que já revela um perfil, uma feição, embora não nos dê ainda toda a envergadura do poeta e de sua produção, é a que pensamos que delineia o caso da poesia de Tarso de Melo, cujo livro de estreia, *A lapso*, passamos agora a discorrer.

No momento primeiro da poesia do autor paulista, há aspectos muito relevantes a serem descortinados e debatidos. A começar pela forma concentrada, uma espécie de minimalismo não extremado, em que os adjetivos são quase que totalmente alijados dos poemas e a pontuação é usada com parcimônia (com as vírgulas, dois pontos e parênteses aparecendo mais, enquanto o ponto final não é nunca usado). A economia formal leva-nos a experiência com uma linguagem que tem, também, em termos semânticos, a valorização do menos. Assim, dos 26 poemas de *A lapso*, em quase todos há a referência explícita ou implícita ao silêncio, ao nada, ao vazio, ou mesmo à morte. Estas palavras, entre outras, estão impregnadas pela subtração. Neste sentido, por exemplo, este poema intitulado "Ainda":

pensar-me
ainda
ser
diferente

(algum, talvez
vazio
estranho)

nenhum sinal,
nenhum
contato,
ao léu, passos:

amor a lapso
(MELO, 1999, p. 13)

O poema está entranhado de privação, um dos sentidos da expressão “a lapso”, condenando o amor ao fenecimento. Mas só o amor? Na virada do século, em tempos pós-modernos, de relações esvaziadas e sem sentido (“nenhum sinal, / nenhum / contato”) talvez ainda seja possível pensar-se “diferente”. A poesia talvez cumpra o papel de ser uma ranhura no tecido homogêneo e sem estampas da nossa época, um tempo que em geral é caracterizado mais por modismos do que pela originalidade, mais por poses e grandiloquências do que por talento genuíno.

Ademais, um dado que devemos salientar é que ao falar de alguns temas-símbolos, como o silêncio, o mistério, a noite, a morte, Tarso de Melo cria uma poesia de atmosferas. Neste caso, ao mesmo tempo em que possui uma faceta onírica, ela também é concentrada e lúcida. Assim, tal atmosfera, em *A lapso*, é tensa, porém suavizada pela moderação no uso dos adjetivos (tendência marcante de boa parte dos poetas de hoje) que a reforcem. Isto auxilia, muitas vezes, na rarefação atmosférica do poema, tornando-o mais misterioso, quando não prenhe de *nonsense*, diante do absurdo cravado no coração da existência. Neste sentido, é preciso muita visão para garimpar tal nonsense da realidade: ampla e diminuta – como o tempo, comentado em "Dias":

> imensa fração
> de segundo
> suja de detalhes
> cruza exígua
> estes dias longos
>
> encolhidos
> seguem
>
> ainda
> tudo acontece
>
> enquanto
> impassível
> o ponteiro
> varre as horas
> (Ibid., p. 39)

Por trás do tédio, pela vazão lenta do tempo, há também o seu reverso, o sentimento do expirar incessante ("o ponteiro / varre as horas") que nos aproxima do ocaso e seja o que for que ele represente. Se "tudo acontece", apesar dos ponteiros varrerem as horas de forma "impassível", é porque tudo aconteceu da forma que "tinha que acontecer", ou seja, em razão da própria dinâmica temporal: rígida e inflexível. Notemos aqui, neste belo poema reflexivo, ecos de Ricardo Reis, para quem, schopenhauerianamente, só o presente possui algum valor. É de se notar, da mesma forma, que a moderação no uso dos adjetivos, no caso deste último poema, não é tão profusa como em muitos outros momentos.

Mas se em "Dias", apesar do tédio e do receio do fim, temos metaforicamente alguma segurança, algum amparo, enfim, alguma ordem, através da dinâmica temporal, vazada pelo ponto de vista contraditório e errôneo do ser humano, em outros poemas o fluxo da negatividade ocorre com maior vigor. Este é o caso, por exemplo, de "Novo", em que se preconiza a busca de "algum deus" diante de "vida alguma" e aonde "nada muda muito". A impessoalidade do pronome algum(a) está a impactar as próprias fontes da vida, esvaziando-a de significação. Daí "alguém (*livre de memória*) / desistindo de voltar / toda manhã" (Ibid., p. 15). Assim, ao próprio novo, aludido no título, resta soçobrar nesta realidade de derrocadas.

Da mesma forma, quando a noite aparece em Tarso de Melo, ela não é uma noite que instiga calma, serenidade, contemplação, pelo contrário, gera apreensão e angústia, como em "Medo":

medo das coisas
à sombra de car-
regados semblantes

cinzas
entre outras luzes:

contra-luas? pensar
em nada – in-
vestem
contra aquela noite
(Ibid., p. 41)

A atmosfera de pesadelo, arma para a expressão da lucidez, faz-nos lembrar de um aforismo de Cioran, da safra de *Silogismos da Amargura*: "... o pesadelo é a única forma de lucidez." (CIORAN, 2011, p. 23) Assim, temos expresso além de um medo agudo, inexprimível em toda a sua potencialidade, o laconismo linguístico. Esta concentração da linguagem, além do mais, cria uma aura de indeterminação sintático-semântica, que confere a esta poesia primeira uma feição instigante. Neste sentido, tudo o que é dito, é dito com as palavras necessárias, evitando-se deste modo a inflação linguística, o câncer vocabular.

Por outro lado, a noite com toda a simbologia que carrega consigo, lembra em certo sentido o conceito de *outridade* de Octavio Paz: o eu dominado pelo outro, gerando o assombro, o mistério, o sobrenatural, atmosfera que perpassa quem se direciona ao poético (PAZ, 1984, p. 155 e seg.). Desta forma, a outridade também está presente no poema seguinte de Tarso de Melo, "Ver", poema feito, realmente, todo de visões:

ver, cair da noite,
a frase de guillén
– coração-mar –
pulso até a areia
e nada

diástole? síncope,
sístole infinita

prédios contemplam a praia
fugir, sob a água,
de suas sombras

: atmosferas de algum livro,
lugar sem distâncias.
(MELO, 1999, p. 43)

Neste poema de imagens abruptas, a precarização da existência é-nos afirmada pela referência a "síncope", mas principalmente pela "*sístole* infinita", que potencializa a ideia da morte. Esta coincidindo com a chegada da noite, em um cenário marinho, onde após a referência a Guillén e a sua imagem "coração-mar", só restam os objetos como personagens de uma derrocada geral, que levam o leitor ao estranhamento. Assim, os prédios, verdadeiros *voyeurs*, "contemplam a praia / fugir", e, na última estrofe, após tudo parecer soçobrar resta a sombra, as "atmosferas" de "algum livro" misterioso, espaço "sem distâncias".

Em "Ver", podemos perceber em especial que a linguagem é formada por elipses. Ela leva a uma expressão um tanto insana, apesar do bom uso dos sinais de pontuação (economicamente utilizados). O caos linguístico advém das mudanças de perspectiva, como se houvesse a alteração de tonalidade de estrofe a estrofe, ou mesmo de verso a verso.

Assim, em "Ver", bem como nos demais poemas de *A lapso*, analisados aqui ou não, forma-se um todo que parece funcionar como uma espécie de negativo da realidade. Este negativo, à primeira vista, parece representar, no seu uso econômico da sintaxe vocabular, da forma pequena no geral, mas sem excesso de concisão, algo "incompleto" ou "falho". Mas este negativo retrata, quando o artista da palavra é alguém do porte de Tarso de Melo, a verdadeira realidade. Não a realidade puramente figurativa, mas sim a realidade entranhada, a realidade por trás das aparências. Isto já é um sinal de maturidade, talento e visão quando se pensa que está presente já em um primeiro livro de poemas. O poeta estabelece de forma parcial as coordenadas que levarão à confluência das forças motrizes de sua poesia.

Assim, apesar de já cantar os temas de sua poesia e fazê-lo através de uma estruturação singular, Tarso de Melo ainda demonstra que possui espaço para crescer, para ampliar seu engenho. Veremos, portanto, que nos livros seguintes, sua cosmovisão será ainda mais enaltecida e com uma linguagem ainda mais requintada e substancial. E, por outro lado, em alguns momentos, ele dará vazão à expressão, notadamente a partir de seu quarto livro, de uma poesia participativa, de tendência socializante.

2
CARBONO: A CONFIRMAÇÃO DE UM TALENTO

Há acertos na apresentação que Carlito Azevedo faz do segundo livro de Tarso de Melo, intitulado *Carbono*, lançado em 2002, e do qual citaríamos este comentário em especial: "Poderíamos aplicar a este gesto o conceito de 'modernidade negativa' com que Emmanuel Hocquard uma vez definiu (por oposição à 'modernidade triunfante') parte da produção poética atual..." O viés negativo está, realmente, presente de forma bastante disseminada no livro, principalmente, na sua primeira parte, com grande variedade de poemas "avulsos", começando pelo que dá título ao volume e, também, a segunda parte, central estruturalmente, mas também em termos de desenvolvimento poético e reflexivo do poeta. Estes aspectos revelam persistência de caminho, pois em relação à obra inicial de Tarso de Melo, *A lapso*, há continuidade com este *Carbono*.

Começando da primeira parte, temos, em "Carbono" mostras da *negatividade* desta poesia, quer pelo viés temático da angústia e da falta ("vivo... asfixias" ou "sua asma agora é minha" MELO, 2002, p. 13), quer pelo viés estrutural, a ausência de qualquer tendência ao exclamativo, apesar da agudez expressa, mas agudez sem retumbância. Os versos são curtos, e não em grande número, o que ocorre em grande parte do livro. Se não chega ao minimalismo de um José Paulo Paes, que fazia poemas às vezes com duas ou três palavras, ou até sem elas, lembra outros casos. Por exemplo, o de um autor da mesma geração de Tarso de Melo, a saber, Ricardo Lima, que já possui uma obra consolidada, e que, em outro registro, também possui uma maneira de se expressar de forma contida, sem verborragia, ou como o mesmo diz, "sem tendência prá tenor" (LIMA, 1999, p. 21).

Outro poema a ser destacado, quer pela vazão do elemento musical, uma característica pertencente ao estilo do poeta, quer pela irrupção do aspecto irônico, é "Grasna". Aqui não sabemos ao certo se o ideal é falarmos em ironia ou mesmo em humor negro, expressando-se quiçá até certa tonalidade surrealista ("grasna a negra orquestra" dos corvos – MELO, 2002, p. 16). Assim, se em "Carbono" aflora o pictórico, entre outros aspectos pela referência a Magritte, no poema seguinte o elemento musical se faz presente. Mas se a pintura tende à deformação, aqui a música tende à dissonância.

O poema seguinte, "Deserto 21", consegue romper com o dilema entre estetismo e engajamento, pois segundo tal dilema ou o poema se torna uma unidade autorreferencial, ou, pelo contrário, ele se converte em documento, sendo objeto mais de uma sociologia literária do que propriamente de uma crítica.

> FALAR BAIXO a língua
> dos dias, das horas – tocar
> por dentro
> outras esferas da engre-
> nagem; partículas, o que chamamos
> vida, e sobre a cova
> garoa – *que importa a paisagem...*
> *... a linha do horizonte* –
>
> o estádio em silêncio; o desvio
> do trânsito; a contagem das horas
> baldias (os urubus adiam
> o passeio: *hay cadáveres!*)

: talvez bala, talvez atrope-
lamento – jornais sobre o sangue
e o céu do sábado
à tarde
imperfeito adere ao asfalto
(Ibid., p. 17)

O poema possui uma linha nitidamente participativa, sem esquecer o primor da forma[2]. Na primeira estrofe, paulatinamente cresce a sensação de desalento na descrição do fenômeno da vida, culminando na sua implosão a partir do sexto verso, pois não importam mais paisagens, nem horizontes. Esta implosão é relacionada, nas estrofes seguintes, com o silêncio do estádio, com o acidente de trânsito, enfim, com a morte em toda a sua extensão geral. Também é digno de registro, a quebra das palavras em final de verso, genial no caso de "atrope-lamento". No fim, soçobra monotonamente a imagem imperfeita do céu de sábado à tarde no asfalto. Trata-se, na verdade, de uma perfeita extensão dos vinte poemas da série "Deserto", à frente comentada.

Ainda poderíamos sublinhar neste "Deserto 21", a ironia acre do poeta com a imagem dos urubus que têm que adiar o passeio, pois "*hay cadáveres*!" É como se o poeta lançasse um refrigério de humor a superpotente descrição

[2] Torna-se imperioso assinalar que o dilema não é de todo invalidado, pois há alguns momentos em que Tarso de Melo parece ceder mais à sociologia do que a arte, embora nunca faça poesia menor. Veremos estes momentos a partir de nossa análise do livro *Lugar algum*, no quarto capítulo.

fúnebre que constitui todo o poema. Mas, apesar do humor, a expressão também é funesta.

Outros aspectos podem ainda ser analisados em poemas desta primeira parte de *Carbono*. Começa a se sobressair a noite, e ela é uma noite escura, sem luz. Há a desumanização do ser humano através da perda do sentido das suas relações, pois está cativo de uma engrenagem que chamaríamos de "rotina perversa" – não à toa em um dos poemas, "Os trabalhos", certas ações humanas são suspensas e presas entre parênteses. Por outro lado, há também a reafirmação de valores com referencial negativo, como o nada, o vazio, o "NÃO" (Ibid., p. 32).

Estes valores levam a criação de uma perspectiva ontológica no interior da poesia de Tarso de Melo, visto que o *ser* é entendido como destituído dos atributos tradicionalmente propostos pela filosofia, ou seja, como eterno, absoluto, necessário. Mas pensadores originais como Sartre, Heidegger e Cioran, aproveitando a lição de precursores minoritários na filosofia (Heráclito, Schopenhauer, Nietzsche), destituíram o *ser* de seu pináculo, vendo-o como passageiro, frágil e contingente, naturalizando o seu oposto, o *não-ser*. Esta lição domina parte da poesia ocidental. A poesia dita maldita, que vê o flagelo de Deus, e a derrocada do homem.

Por outro lado, voltando agora ao ponto de vista estrutural, além do "quase" minimalismo da expressão, há recursos importantes na primeira seção de *Carbono* que merecem ser frisados. Como a parcimônia na pontuação, com o poeta preferindo a vírgula, o travessão, os parênteses e os dois pontos aos pontos de interrogação e exclamação e ao ponto final (nunca usado na seção). Tais recursos expõem o texto, deixam ele um campo mais aberto, mas talvez, por isso mesmo, mais difícil para a penetração do olhar crítico do leitor.

Sobre os vinte poemas de "Deserto" podemos dizer que, na nossa visão, se constituem na parte mais importante e interessante do livro de 2002. Há mostras de grande discernimento e astúcia na criação poética. Como, por exemplo, na mescla de metalinguagem e de poesia descritiva feita aqui e ali, mas sem exageros, sem forçar o cansaço no leitor. Assim se o primeiro poema da série é quase todo metalinguístico, o segundo parte da questão da linguagem, entretanto, já se aventura por outras paragens, parece ser um tanto descritivo, faz também uso da reflexão.

Outra solução interessante é a de unir temática e estruturalmente o poema anterior ao seguinte, através da reiteração expressiva. Todavia, cada poema é diferente apesar de todos formarem uma unidade estrutural, assim como um poema único disposto em vinte partes independentes, mas unidas.

Falar dos poemas de "Deserto" requer muita astúcia interpretativa, pois eles são, pelo hermetismo, um desafio à crítica, sem contar o alto valor estético contido nesta série. Vamos enaltecer, então, alguns aspectos que julgamos os mais relevantes, além daquilo que já foi escrito. Os poemas de número 2 e 16 fazem referência à noite, quer pelo deserto "escuro, escuro" no primeiro (Ibid., p. 40), quer pelo "escuro céu / da noite passada" no posterior (Ibid., p. 54). A noite, como quer Maurice Blanchot[3], é o lugar da perda essencial, da perda

3 Aqui damos vazão à tese de Blanchot, principalmente em *O espaço literário*, ao invés da de outros críticos, que afirmam a autoria, porque o eu biográfico ou empírico está totalmente alijado dos poemas de *Carbono*. Mas há casos em que se pode sustentar a tese de convergência entre o eu-lírico e o eu-empírico. Portanto, não somos universalistas e nem

do eu, que passa a se converter em um "ele". Os poemas de Tarso de Melo, sendo que aqui damos eco a voz do poeta-crítico francês, enunciam um sujeito poético indeterminado, que pode ter o papel assumido pelo leitor.

Numa de suas raras aparições este eu – oculto, evasivo, voz clamante no deserto e, por isso mesmo, inaudível enquanto expressão de um indivíduo singular, mas "sem biografia", como parece ser o caso da grande maioria dos poetas do novo milênio – expressa: "desterro em / meu deserto" (Ibid., p. 51). Como se na própria poesia, feita deserto, o eu já no processo de criação e materialização do poema, se sentisse um desterrado, um errante. Até nisso o poema é uma Máquina de Negatividade, potencializando variados registros na medida em que cria imagens.

Este "desterrado", segundo nossa ótica, remete à tradição, pois lembremos que Desterro era o nome da Florianópolis de Cruz e Sousa, outro poeta que se sentia desterrado pela ausência de voz, não por causa da autoria ou de qualquer outro motivo de natureza existencial, mas em virtude da etnia, do problema da raça, da cor.

Realmente, "desterro em / meu deserto", são versos que podem entrar em uma antologia da poesia lírica brasileira de todos os tempos. Outro exemplo de elaboração criativa singular que trazemos conosco é o verso: "GEOMETRIA entre abismos" (Ibid., p. 47), com que Tarso de Melo evoca novamente certo simbolismo que valorizou a palavra abismo, tanto aqui no Brasil, como em Portugal e na França, com *gouffre*. Augusto dos Anjos, que tanto valorizou o abismo de si

---

abrangentes quanto à teoria. Preferimos a "ambivalência" de Octavio Paz. (Cf. *O arco e a lira*).

mesmo, como também um Mário de Sá-Carneiro, bem como Baudelaire, podem ser talvez fontes de inspiração, enquanto a geometria lembra a lógica de bem urdir de um João Cabral de Melo Neto.

Em quase todos os poemas da série "Deserto", além da evocação da noite, se urde a palavra poética pelo viés da perda, da subtração. No poema 10 da série, o vazio é expresso de maneira eloquente:

> SEU AVESSO, manhã
> domingo, ensaiar vivo
> o que imagino e o nada
> depois dos mortos
>
> um corredor para fora – luz
> quebrada por flores e seus ecos,
>
> pesadelos, permanência no vazio
> de grafites à som-
> bra vermelha da noite
> (Ibid., p. 48)

Este poema é marcado explicitamente pela descrença, pelo avesso garrafal da manhã, que simbolizaria em certa perspectiva cristã o tempo auspicioso e benfazejo, bem como a fé, que comumente é repartida numa manhã de domingo. Ao poeta e seu ceticismo, cabe expressar "o nada depois dos mortos", uma luz fosca, interrompida pela chegada da noite e seu permanente "vazio", que o leva a expor mais uma vez sua poética do menos.

O deserto que Tarso de Melo canta 21 vezes no livro vai além de um deserto puramente geográfico, que é a forma predileta com que poetizou o sertão ("deserto") pernambucano João Cabral de Melo Neto. Este último elege algumas palavras-chave como: pedra, faca, sertão, sol. Assim, em poemas como "Pala seco" o poeta chega a expressar uma poética do menos, mas ao contrário de Tarso de Melo, não noturna, mas sim solar: "*O cante a palo seco / é o cante mais só; / é o cante num deserto / devassado de sol...*" (MELO NETO, 2003, p. 247). O poeta de *Quaderna* expressa confiança no aparato sensorial, num empirismo poético muito *sui generis*, enquanto Tarso expressa preferência por uma abordagem filosófica mais especulativa e que transcende o diurno.

Por tudo isso que abordamos até aqui, parece-nos natural que a terceira seção, "CADERNETA DE APROPRIAÇÕES", perca em força e brilho em relação à anterior e é o que realmente acontece. Embora ocorram boas tiradas como "música às moscas" (MELO, 2002, p. 69), de "CIDADE" ou mesmo "palavras que minguam: / lua" (Ibid., p. 78), de "M. 2", perde-se em profundidade de enfoque e riqueza estilística.

Todavia, a metáfora presente em todo o livro, e que deixamos para comentar agora, parece adorná-lo por inteiro de brilho. A poesia como um "rio" sinuoso, tal como nos deixa entrever o poeta, em que o curso (com suas curvas, retas e descidas) vai revelando a poesia de um autor singular, que já no seu segundo livro inscreve seu nome entre os poetas que tem algo a dizer. O que já é de relativa importância.

3

PLANOS DE FUGA E OUTROS POEMAS: AO SE CANTAR A PERDA CHEGOU-SE AO ÁPICE

Sobre o terceiro livro de poemas de Tarso de Melo, *Planos de fuga e outros poemas*, há muitos aspectos a serem descortinados. Primeiro, na seção inicial e que dá título ao livro, a forma é a do poema em prosa. Entretanto, não há mudança de rota na poesia do autor paulista, mas sim ênfase. A escrita labiríntica, com a profusão agora não só de parênteses, mas de travessões também demarcando o texto, torna a sensação de prisão, de encarceramento, análoga ao do seu próprio viés semântico. Portanto, forma e conteúdo confluem de forma perfeita.

Assim, no primeiro poema assinala-se: "daqui, anotações para um mapa qualquer – perde-se, sempre" (MELO, 2015, p. 197). A desorientação já de início é a senha para todos os dezesseis poemas em prosa, bem como para os outros poemas do livro. Esta desorientação, contudo, não é absoluta, pois, afinal, há um mapa, há, portanto, o que se apegar: a vida, as pessoas, a poesia, os livros, a palavra. Porém, o poeta vai de poema em poema despotencializando estas forças, interpondo a elas a sua Máquina de Negatividade, que acaba por exauri-las. Assim, a *vida* é uma errância ininterrupta, espécie de "ferida eterna reaberta" (Ibidem). Daí que podemos perceber a nossa frágil condição, porque para Tarso de Melo a vida é um empreendimento extremamente precário. Ecos de Ricardo Reis e Augusto dos Anjos não podem ser esquecidos nesta configuração negativa da existência.

De Augusto dos Anjos, inclusive, há o gosto pela figura das aves de rapina, especialmente do urubu e do corvo, aves de mau agouro, presentes também em Tarso de Melo, especialmente a primeira. Tal como o heterônimo pessoano e o poeta do *Eu*, expressões poéticas do início do século XX, para o autor de *Carbono* há um cansaço geral de tudo o que representa a vida, como está bem explícito no terceiro poema em prosa (MELO, 2015, p. 199).

Por outro lado, a vida, assim como Schopenhauer e Cioran atestam, é um jogo, uma burla, uma farsa. Algo que contém uma grande dose de teatralidade. Mas, inovadoramente, Tarso de Melo, vê esta teatralidade da vida também na morte, especificamente na despedida daquele que padece: "Seu significado é este hábito: o instante oscila vadio. O que leva, o que deixa, o que some. Não há mais que isso para desenhar a história" (Ibid., p. 205). Aqui a teatralidade do binômio vida-morte tem o seu caráter existencial, mas também o sentido metafórico de sentimento de perda em relação a outro binômio, poeta-leitor, sendo que o primeiro de certa forma antecipa o desfecho final. Assim, pode-se afirmar que sempre se perde algo na ressonância da obra, pois o leitor, aquele que para Blanchot toma o lugar do autor (que se converte em um "ele"), configura outros sentidos e caminhos para a obra.

Mas a Máquina de Negatividade não se volta só contra o leitor, volta-se concomitantemente sua artilharia em relação à obra. No quinto poema em prosa da série *Planos de fuga*, Tarso de Melo considera o livro de certo modo como um inimigo, e demonstra desconfiança em relação à poesia e à palavra.

Autores tão diversos como Octavio Paz e Cioran caracterizam que é num processo de violência contra a palavra que se inicia verdadeiramente a poesia. De Octavio Paz há a ideia de que há um "desenraizamento das palavras", a constituição, assim, de uma nova linguagem, que é, portanto, inaugural. Mas depois há o reencontro da palavra com o contexto, com a sociedade, e com o leitor. O poeta almeja a ressonância, afinal "sem o leitor, a obra só existe pela metade" (PAZ, 1984, p. 48). Mas no caso de uma poesia como a de Tarso de Melo, entre a de outros na cena contemporânea, a poesia é para poucos, para o leitor ideal, aquele que potencializa mesmo o que foi despotencializado, aquele que escava as ruínas verbais deixadas pelo poeta. Mas na verdade, o próprio Paz conclui que a poesia moderna é restrita a um público privilegiado: "Os leitores dos poetas modernos estão unidos por uma espécie de cumplicidade e formam uma sociedade secreta" (Ibid., p. 49).

Também Cioran comenta o valor destrutivo da linguagem poética, mas talvez sem a ressonância da visão ensejada por Octavio Paz. Eis o que afirma o pensador romeno-francês em *De l'inconvénient d'être né*: "Aucune espèce d'originalité littéraire n'est encore possible si on ne torture, si on ne broie pas le langage." ("Nenhuma espécie de originalidade literária é possível se não se tortura, se não se esmaga a linguagem") (CIORAN, 2002, p. 39). Fica assim patente que é necessário escrever em outro idioma, ou seja, transubstanciar a linguagem ordinária transformando-a em algo diverso, no caso de poetas como os próprios Octavio Paz e Tarso de Melo, em expressão densa, requintada e hermética.

Neste sentido, é muito instigante o décimo primeiro poema em prosa de *Planos de Fuga*, em que se ventila a questão da fuga e do silenciamento da escrita por um lado, mas por outro, propriamente o da criação pela violência contra as palavras. Citamos integralmente o poema:

> Livrar-se dos dias como quem descarta hipóteses: um novo feixe de poemas entra pela porta – medra, obsta. Destroçam-se as palavras. A experiência reflete: uma

> biblioteca feita a juros. Atento ao silêncio, encaixo as peças que faltam ao horizonte, busco sua música, usufruo de sua violência. A memória organiza – agoniza – infinitos recortes de jornal, o mosaico dos fatos entrega um grito, devora-se, vale-se da caricatura de um outro – o vulto avança. Ou um bairro morto que se descortina, pleno a nosso desinteresse; cada árvore que sufoca, cada calçada que se desfaz, cada saco de lixo da montanha que cicatriza suas esquinas. À beira do equívoco, contudo, fujo. (MELO, 2015, p. 207)

Esta operação violenta contra as palavras, que o poeta coloca como próprio de sua "música", revela que essa além de ser dissonante, pode ser vista mesmo como "atonal". O processo que leva a criação labiríntica, presente neste caso, mas mais aguçada em outros poemas, fornece matéria para percebermos que Tarso de Melo se coloca como um poeta que está longe da simplicidade, dos cacoetes e dos jogos fáceis dos poetas que remontam a tradição da poesia "marginal", por exemplo, no nosso país.[4] Mas, como podemos perceber neste poema, o poeta mostra sua densidade, e mais, ultrapassa a concepção presente em duas importantes alas da poesia brasileira, a marginal e a outra mais formal, advinda da tradição do Concretismo, que advogam que a poesia é fundamentalmente jogo, a primeira, e trabalho estrito com a forma, a segunda. Não esquecendo destas importantes dimensões da poesia, o poeta de *Planos de fuga e outros poemas* deixa entrever que a

[4] Aliás, é uma tristeza pensar que Tarso de Melo é menos conhecido que nomes como os dos veteranos Francisco Alvim e Chacal, que fazem do poema piada seu mote, mas não da mesma forma como poetas como Oswald de Andrade e José Paulo Paes, ou seja, com parcimônia e sagacidade, mas sim para o afloramento do besteirol e da superficialidade.

poesia é jogo e trabalho com estruturas, mas que também vai muito além disso. Segundo Johann Huizinga, apesar da poesia ser em sua natureza primeira ritualística e lúdica, ela também é a forma propícia para expressar o que há de mais "elevado" e sério (HUIZINGA, 2014, p. 142). Privilegiando, como dissemos, todas as instâncias, pois a poesia de Tarso de Melo não é simplesmente um jogo de palavras, como também não é puro estetismo, não ficando restrita, por outro lado, a uma abordagem de natureza conteudística. Assim, todas as perspectivas confluem nesta poética multidimensional.

Portanto, voltando à questão da violência contra as palavras, explícita neste poema de Tarso de Melo, podemos entender que tal violência (o destroçar da linguagem), anda de mãos dadas com a dissonância, com as sonoridades ásperas, aquelas que exigem uma readaptação do ouvido do fruidor. Como dissemos acima, é poesia para poucos, para raros, pelo menos enquanto as dissonâncias não se transformam em uma nova consonância. Neste sentido, são relevantes as palavras do esteta Roger Cardinal sobre este processo de transformação, exemplificada pela via do Expressionismo:

> Entre as várias marcas registradas do Expressionismo às quais já me referi, a de usar o modo negativo como estímulo para o positivo seja um dos mais característicos. Como Rimbaud certa vez descobriu, a dissonância por si só pode ser um indicador curiosamente preciso de uma nova harmonia. (CARDINAL, 1988, p. 107)

Assim, a Máquina de Negatividade de Tarso de Melo pode se constituir na alavanca para se extrair justamente o seu oposto, a positividade, quer se trate do extrato formal, quer da sua cosmovisão. É como se das ruínas e do silêncio pudesse brotar uma espécie de adição, depois que tudo foi subtraído. Ou dito numa sentença: da subtração geral feita pelo poeta responde o leitor com sua contribuição aditiva. Desenvolveremos mais esta ideia à frente, no próximo capítulo.

Por outro lado, se, como frisamos, a poesia, o livro, a palavra são postos em xeque pelo poeta de *A lapso*, num exercício constantemente metalinguístico, outros planos são também pensados. Como apontamos, são expressos igualmente o da existência e o da relação entre as pessoas. Se a obra de arte, o poema é algo imperfeito, tal como exposto no décimo segundo poema da série ("As mãos atadas do poema" MELO, 2015, p. 208), então pode haver algo maior que também dá vazão a este caos. O desejo do emudecimento, de silêncio da escrita, muitas vezes vem acompanhado de uma visão negativa da existência. No décimo terceiro e décimo sexto poemas da série, talvez os mais instigantes do ponto de vista de uma poesia reflexiva, principalmente neste último, o real e seus objetos entram numa espécie de autocombustão, metamorfoseando-se em cinza, em ruína, em puro vestígio. Também aí tudo parece ser posto em xeque.

> Como se a cor de tudo fosse, como se agora tudo em cinza. O sol se foi mais cedo, os carros se condensam. Em cinza não o que se vê por entre os prédios, acima deles, eles. Ou o que queima lente adentro o olho do fotógrafo. Não é este o cinza daqui, suspeito. A cadeira sem ninguém ou os pneus da bicicleta murchando, tudo vai ficando cinza. Os livros já fechados, teclas ainda quentes, o rádio mais e mais mudo. A noite não sabe por onde começar. (Ibid., p. 212)

A palavra "cinza" é exposta no poema nada menos de quatro vezes. Representa a implosão de toda a matéria, visto que o caos parece advir do que há de mais elementar, das próprias partículas, dos próprios átomos que formam os seres. É um poema que responde ou faz eco ao de Augusto dos Anjos, exposto quase um século antes, denominado acertadamente de "Os doentes":

> A doença era geral, tudo a extenuar-se
> Estava. O Espaço abstrato que não morre
> Cansara... O ar que, em colônias fluídas, corre,
> Parecia também desagregar-se! (ANJOS, 1996, p. 249)

Esta "fadiga" geral, ou melhor, moléstia, que é disseminada por toda a matéria, também é simbolicamente expressa por Tarso de Melo. A diferença é que no poema do autor de *Caderno inquieto* a entropia afeta aparentemente mais os objetos ordinários, mas no final a própria noite em si é atingida. É como se tal como no caso de Augusto dos Anjos, os princípios das coisas fossem caducos, falhos, uma teleologia às avessas, já que nem "A noite não sabe por onde começar".

Assim, antes de passarmos para os outros poemas, aqueles em verso da coleção saída em 2005, há ainda que se falar de um aspecto instigante em Tarso de Melo e que até este estágio da sua poesia é pouco recorrente, a saber, o viés político-social. No sétimo poema em prosa, a mesmice parece ser o grande protagonista da cena política:

> o assunto parece ser política, o que se espera do outro, se superáveis os limites, o que representa isto, isso, aquilo.

> De repente, muda. Certo apego pela dúvida, um inconstante visitar a margem das palavras, o que imaginávamos ser o sentido delas. E das coisas através delas, do constrangimento a elas, dos contextos a que estão submetidas. Mas não se aproxima do ponto, o vento canta nas frestas, a única ração já não é mais suficiente – e o dicionário é um estranho. Já não há sombra dos poemas, a cada certeza que os descreve. A amizade e a melancolia roubadas dos livros de séculos passados, alguma outra medida, o inviável. (MELO, 2015, p. 203)

Este poema, como é constante em Tarso de Melo, possui múltiplas camadas. Primeiro fala-se de política. O ritmo monótono da escrita parece obliterar, ou mesmo desmentir, a ideia exposta no poema de que pode haver mudanças ("De repente, muda."). O cenário político brasileiro, para além de uma perspectiva otimista, está marcado pela crise. Sem estrarmos numa descrição do que se passou na época, 2005, podemos afirmar que os últimos quinze anos da política brasileira foram marcados de uma forma geral pela crise e pela desordem, quase sem espaço para refrigérios. Esta crise só aumentou com o passar do tempo, culminando no desgoverno atual.

Por outro lado, há outros aspectos para além do pessimismo no foro político-social, em que não há uma mediação democrática entre políticos e cidadãos, mas sim um jogo ilusório, que fere os princípios de cidadania e levam nos dias de hoje às "fake news", pois, segundo o poeta de *A lapso*, há um "visitar a margem das palavras, o que imaginávamos ser o seu sentido." Um destes aspectos é o da relação entre as pessoas, uma questão de fundo existencial. A amizade, tal como o poeta a vê, parece ter sido verdadeiramente expurgada, na contramão de outras épocas mais auspiciosas. Este motivo, apenas citado, e, portanto, somente implícito, caracteriza o autor como um continuador da grande tradição literária luso-brasileira.

Mas se o viés político e o das relações pessoais estão presentes, o que aparece de forma subterrânea, mas com grande força e ímpeto, é o da escrita poética. Os sentidos das palavras, seus contextos, o jogo que leva a metalinguagem, tudo isso e muito mais está revelando para nós leitores a luta que é urdir a palavra, tecer o texto poético. Assim, quando o poeta afirma: "Já não há sombra dos poemas, a cada certeza que os descreve. A amizade e a melancolia roubadas dos livros de séculos passados, alguma outra medida, o inviável." Aqui aparece também o outro lado do processo criativo, que é a falta da inspiração, a sensação de deserto de palavras. Não há o poema, apesar de haver o poema que descreve a sua falta. Aqui a Máquina de Negatividade mostra que mesmo fazendo o poema o poeta lamenta a perda de outros poemas, que se transformam numa espécie de *não-poema*, ou poema às avessas.

Deste modo, a busca pelo sentido, pela forma mais genuína e perfeita, constitui-se num caminho pedregoso, tal como cantado por Drummond, mas no caso de Tarso de Melo ganhando um sentido metafísico, ou melhor, uma metafísica às avessas, interposta simbolicamente e de maneira negativa à própria poesia e à realidade nela exposta. Podemos assim antever que na poesia do autor de *Planos de fuga e outros poemas*, o cenário é realmente noturno, marcado por um espaço de trevas. Esta propalada noite, na seção dos poemas em prosa, exigiu da parte do poeta um maior desenvolvimento da matéria, portanto, um afrouxar da concisão que apareceu muitas vezes nos livros anteriores. Mas é que para efetuar o processo de subtração da realidade, Tarso de Melo precisou neste caso de um campo mais aberto e amplo. Apesar disso, alguns períodos dos poemas em prosa, como ocorre também no caso do sétimo poema, não são longos, o que demonstra que não há verborragia.

A seção seguinte aos poemas em prosa intitula-se, despretensiosamente, "Outros Poemas". Mas são despretensiosos apenas na aparência, pois estão longe de ser despojados e singelos. A começar pelos três primeiros, pela referência ao próprio fazer poético. O exercício metalinguístico operado no primeiro, "Aquela", tarefa de um cirurgião talentoso, mas não de todo ainda experiente, que faz o poema "surgir" com "minúcia nos cortes, / descuidos na sutura // e a dor de cada verso / um silêncio e depois outro" (Ibid., p. 215). Mas não é nem a dor do verso, nem o silêncio que dão às cartas afinal de contas, pois o silêncio é o da passagem de verso a verso, ou de estrofe a estrofe e a obra finita mas grandiosa, responde de sua forma ao infinito e exorbitante primado da inspiração, na visada blanchotiana. Poder-se-ia até "abandonar a fala" (esta "falácia flácida"[5] – Ibidem), mas não se atingiria mesmo assim o intangível, o incognoscível, o que só pode ser visto como o além do poema. Por isso a amargura dos versos finais de "Aquela": "na instância / baldia e qualquer / da herança // aquela que / desespero / teria sido a melhor / e não foi" (Ibidem). O melhor poema só pode na verdade ser vivenciado enquanto projeção, não como experiência materializada, visto que o poeta ao pôr no papel o sentimento de estupefação diante do real, perde algo no processo de tradução do que é sentido em relação ao que é exposto.

---

[5] Notem o belo exemplo de assonâncias e aliterações de Tarso de Melo na relação entre estas duas palavras.

O poema seguinte da série "Outros Poemas", intitulado "Argumentos", é uma peça metalinguística e autorreferencial, que nos faz lembrar de outras frustrações poéticas. E podemos antever se não será à figura do poeta em geral (ou a si próprio?) dirigida a crítica patente nos versos:

> contra ele, diga-se
> que não soube
> desmanchar as sombras
> à tarefa (a farpa
> que o tempo não lima
> a irreparável visita
> do que não há); que não desfez
> que a luz
> com qualquer lâmpada
> se quebre; pelo meio,
> o trabalho simples
> de amarrar as linhas rebeldes
> do livro (torto,
> linhas tortas) e o de iniciar
> a partir do zero
> cada história, cada
> sina
> (MELO, 2015, p. 216)

Este poema em que aparecem novamente os parênteses e, novidade, o ponto e vírgula, oferece a oportunidade para instigantes elucubrações. Aqui reaparece novamente a questão da imperfeição da obra materializada. Implicitamente há uma ideia do que a obra deveria ser:

luminosa, sem sombras, inaugural, pois que expressasse "do zero / cada história, cada / sina". Nesta peça, Tarso de Melo vê-se diante da sensação de que o poema, tal como Mário de Andrade prognosticou em carta de 1924 a Carlos Drummond de Andrade, pode ser uma obra "transitória e caduca" (ANDRADE, 2015, p. 22). O poema é assim, algo que para o poeta de *Exames de rotina* possui "farpas", que não se desfazem com o tempo, nem com as visitas fugazes dos leitores.

Neste sentido, este poema da safra de 2005, é bastante pessimista quanto ao alcance da poesia. Não há mesmo a confiança que os pósteros poderão vir a experienciar o poema com outros olhos, mais empáticos ou dotados de argúcia, por exemplo. Não há a expectativa mesmo da "irreparável visita do que não há". Ou seja, que haja a boa forma do poema por um lado, e os leitores (sagazes) por outro. O edifício "torto", tende a soçobrar, ou, pelo menos, a ser não habitado, pois está longe de ser fruível na voz do poeta, diante de suas "linhas tortas". Todo este autoflagelo, esta repreensão para consigo, é própria da tradição poética. Tarso de Melo busca atingir a perfeição sabendo que ela é inalcançável e daí a frustração típica de todos os poetas dotados da sede do infinito.

Ademais, como vimos com o exemplo de Mário de Andrade, a obra de arte a partir do Modernismo tende a ser precária, ou seja, a perder seu aspecto de totalidade, fragmentando-se. Não é por acaso, como veremos no sexto capítulo, sobre o seu sexto livro, *Caderno inquieto*, que Tarso de Melo evoca o *Ready-made*, invenção duchampiana que revela que a arte tende a ser um objeto extremamente suscetível aos fatores externos. Apesar de no *Ready-made*, bem como em toda a arte conceitual, o artista tender muitas vezes a impor um gesto, tal gesto é também suscetível às condições do meio, como nas *performances*, que podem abarcar um grande contingente de manifestações artísticas.

Outros poemas, desta segunda seção do livro de 2005, poderiam ser analisados de forma mais detida em nosso texto. Como "A certa altura", peça que remete à leitura de um poema de Ruy Belo pelo poeta. Portanto, a passagem da experiência de Tarso de Melo de autor a leitor e daí novamente a autor. Ideia interessante é a manifestação que se faz presente no poema, em determinado momento, acerca dos "pássaros indomáveis" da poesia. Outro poema instigante é "Lamento", porém mais melancólico que doído. Também "O vermelho e o negro" que remete ao livro de Stendhal, bem como ao gênero romance, e também a uma paixão nacional, o futebol. Neste último sentido, a referência parece se dar ao clube mais popular do país, o Clube de Regatas do Flamengo. Assim, o romance e o futebol, instâncias populares, uma na literatura e outra no esporte, seriam inutilidades úteis, ou dito de outra forma, das mais úteis das inutilidades. Por fim, temos o poema "Segunda, às oito", em que a presença dos parênteses intensifica a linguagem entrecortada do monólogo. Trata-se assim de um dos poucos poemas do livro em que um "eu" aparece, sem ceder à indistinção costumeira.

A seção seguinte do livro é intitulada "Canções para Depois". O tema da música volta, mas acompanhado do advérbio de tempo "depois". Por ser muitas vezes música dissonante, perturbadora, não é dada muito à fruição mais imediata, pois exige esforço do leitor ainda não preparado. Por isso, para a grande maioria, representa realmente canções para um tempo futuro, como é o caso do poema "O padrinho". Neste poema a linguagem cifrada anda de mãos dadas com uma espécie de perturbação sensorial da leitura advinda em parte do uso de parênteses em abundância.

Também importante é o poema "Crônica", em que o prosaico não apaga de todo uma "epopeia às avessas" do povo de São Paulo, apanhado constantemente pelas enchentes. Nesta peça o aspecto trágico tem tanto uma dimensão individual como social, abrange tanto a persona poética, que sofre uma espécie de diluição, bem como a toda a população que vive em São Paulo. Citamos este fragmento do poema, exemplar para o que estamos afirmando:

> tentar desarmar o desespero é inútil
> a nuvem – negra, agora – é uma entre
> tantas e anuncia que a de ontem não era
>
> a última enchente; é rápido aprender
> como elas se formam, súbitas, enquanto
> fechamos as janelas, as portas, o rosto
> (MELO, 2015, p. 237)

Falamos anteriormente em "epopeia às avessas" porque realmente nenhum grande feito é narrado, embora se oferecesse espaço para a superação dos flagelos, para o heroísmo coletivo e individual. Mas pelo contrário, as pessoas fecham-se ao outro, como expresso no último verso citado. Não há solidariedade, pois não há mais espírito de cumplicidade nesta poesia tão desolada, porque o homem na grande metrópole tende a estar só, como em outras palavras profetizou Octavio Paz.[6]

Falando em "epopeia", Tarso de Melo oferece-nos uma deliciosa "paródia", aqui no sentido de imitação com ênfase na diferença (HUTCHEON, 1989) da Divina Comédia, de Dante Alighieri. Ela nos é ofertada tendo como mote o poeta e tradutor Haroldo de Campos, intitulando-se "Commedia para Haroldo". É sabido que o poeta concretista chegou a traduzir partes da obra-prima de Dante, mas talvez este nem seja o real motivo da homenagem poética. É que depois de "Galáxias", realmente, o autor parece ser o mestre no Brasil do poema "épico", na versão muito inovadora que deu a ele. Podemos resumir o poema com este esquema um tanto precário: I) Inferno: a ausência de sentido; II) Purgatorio: o quase sentido; III) Paradiso: o sentido inteligível, completo. Trata-se aqui de, na esteira do paraíso, uma espécie de escapismo à Máquina de Negatividades, quase sempre utilizada em sua poesia, como fica explícito no terceto final: "o olho alastra-se infinito / : o horizonte é uma palavra e avulta / e de sua sombra soa todo sentido" (MELO, 2015, p. 242)

Assim, um novo tipo de olhar é expresso, uma espécie de supraolhar, que alastra-se ao infinito, trazendo consigo o lastro de uma virtual perfeição. Nesta medida, por trazer a marca da frenética inspiração, "vaga fúria" (Ibidem), o poeta de certa forma ao projetar o recorte, o finito, traz em potência o infinito. Ou como afirmou Maurice Blanchot, ao tratar do estatuto

[6] "O homem ficou sozinha na cidade imensa e sua solidão é a de milhões como ele. O herói da nova poesia é um solitário na multidão ou, melhor dizendo, uma multidão de solitários" (PAZ, 1993, p. 45).

da poesia, ela representaria "a partilha secreta de toda palavra essencial: *nomeando* o possível, *respondendo* ao impossível" (BLANCHOT, 2001, p. 93). O jogo positividade-negatividade, que está no cerne da relação com a inspiração, não é de modo algum anulado cabalmente pelo que dissemos. Sendo recorte do infinito, a palavra poética ao mesmo tempo que é precária, é também o ilimitado ou a perfeição em potência. Desta forma, não é uma contradição *stricto sensu* o que dissemos, pois se no paraíso haroldiano "sua sombra soa todo sentido", a plenitude vislumbrada é virtual, não real.

Ainda poderíamos falar de muitos outros poemas tarsianos. Como por exemplo os da quarta seção, "7X2 (Drummond em Retrato)", ideia interessante de tecer junto com outro poeta, Eduardo Sterzi, sete poemas cada um, aproveitando temas e versos famosos do autor de *Sentimento do mundo*. O resultado é que em alguns momentos temos poemas parecidos entre os poetas, em outros bem diversos. Em alguns momentos se destacando mais o autor de *A lapso*, em outros mais o poeta convidado. Mas não há como pensar que nestes poemas prevalece o virtuosismo frente à densidade.

Entretanto, um dos sete poemas elaborados por Tarso parece-nos muito importante, pelo que aqui já mencionamos da relação do autor com Drummond. É quando desagua a máquina drummondiana na Máquina de Negatividade do poeta de *Íntimo desabrigo:*

> as arestas dele:
> não falta à máquina
> do poema (fora
> de risco) um susto,

a fenda definitiva
nos cálculos, o horóscopo
falso, a farpa que,
sem reparo, cega.
(MELO, 2015, p. 249)

É instigante lembrarmos que ante a Máquina do Mundo, o poeta mineiro perfaz o caminho de negação diante da perspectiva de desvelar o mistério cósmico, pois afirma que "baixei os olhos, incurioso, lasso, / desdenhando colher a coisa oferta / que se abria gratuita a meu engenho" (DRUMMOND, 1997, p. 209). Não seria a Verdade algo temível ao homem, como tão bem expressou o heterônimo pessoano Álvaro de Campos? Daí que a perspectiva tarsiana é original, a Máquina do Mundo converte-se em empreendimento negativo, constituindo-se também em algo caduco e errôneo, donde "o horóscopo falso" e as arestas, fendas e farpas da máquina, que levam a uma espécie de cegueira.

Neste sentido, este poema de Tarso de Melo, é de notório fundo metafísico, mas mostrando-nos uma ausência total de teleologia, pois o ser humano está condenado à escuridão e à contingência. A negatividade nesta poesia representa, portanto, a impossibilidade de se alcançar a Verdade, ou de certo modo manifesta as suas antípodas, num ceticismo que nos faz lembrar o Cioran, de *Écartèlement*. Assim, expressa-se o negativo em termos de uma metafísica imanente: o nada, o não-ser, o *nonsense*, etc.

Por outro lado, a última seção do livro contém o título geral de "Papéis". Também como a seção precedente é inferior as três primeiras seções, mais consistentes. Contudo, o terceiro poema da série de seis é instigante quanto ao estatuto do eu poético. Citámo-lo integralmente:

> minto, digo, é mais
> que isso (*eu é*
> *um outro*) que está
> batendo dentro
> – questão de costume
> ou de pressa – que se
> adensa (a palavra
> *com*, a palavra
> *entre*, e o coro cala
>
> desesperado), mas
> aos poucos o palco
> vem aos olhos
> repleto (a cada estrela
> que o abandona
> há outra que se lança
> insana)
> (Ibid., p. 257)

Estruturalmente, o poema é entrecortado, os parênteses e travessões quebram a fluidez da leitura, tornando-a mais difícil e trazendo hermetismo para a compreensão do texto em si. Mas, realmente, o grande *leitmotiv* é a questão do eu, que até formalmente aparece submergido na prisão do texto (como, por exemplo, o primeiro parêntese do poema). É citada a famosa máxima rimbaudiana: "eu é um outro". Em itálico, destacado, mas entre parêntese. Mas muito mais do que um outro, o eu é constituído por várias personas, por um verdadeiro "coro", por um palco inteiro de estrelas. Tarso poderia dizer com Mário de Andrade: "Eu sou trezentos, sou trezentos-e-cincoenta..." (ANDRADE, 1993, p. 211)

A sensação de ser muitos também invade o poeta de *Carbono*, mas, da mesma forma como em Mário de Andrade, apesar da multidão de vozes, há uma feição. Esta vai se construindo aos poucos, entre poemas em que há uma despersonalização, outros em que já há uma construção plurivocal, como este acima, e ainda outros, como "A certa altura", brevemente comentado, em que a convergência do leitor para com o autor, pode de alguma forma "salvar" este último através do processo de ressonância.[7]

Assim, podemos perceber que o livro de 2005 constituiu-se num passo à frente em relação aos dois anteriores. Representa que apesar de não haver grandes mudanças na obra de Tarso de Melo, excetuando-se a seção de poemas em prosa, a mais rica do livro, que ela vem num constante *crescendo*, representando o livro o ápice criativo de sua primeira fase de expressão poética. E isto é importante quando se pensa que o poeta é fiel a sua cosmovisão e ao seu estilo.

---

[7] Na estrofe final do poema de Mário de Andrade é repetido a invocação, mas com a ideia de condensação das muitas vozes. Neste sentido, fazendo eco com certa feição que se mostra na poesia tarsiana. "Eu sou trezentos, sou trezentos-e-cincoenta, / Mas um dia afinal eu toparei comigo... / Tenhamos paciência, andorinhas curtas, / Só o esquecimento é que condensa, / E então minha alma servirá de abrigo" (Ibid., p. 211).

4
LUGAR ALGUM: O VIÉS POLÍTICO-SOCIAL GANHANDO UM *TOPOS*

Em relação ao quarto livro de poemas de Tarso de Melo podemos dizer, à primeira vista, que representa um descortinar sobre a metrópole. No caso a cidade de São Paulo, já cantada na tradição modernista e pós-modernista por poetas como Mário de Andrade e Roberto Piva. Mas o canto do poeta de *Íntimo desabrigo* é de opressão, diante desta São Paulo (e adjacências) que serve de cenário para o desvelamento das cenas. Assim, todos os lugares levam à metrópole, e, contudo, estamos diante de *Lugar algum*.

Mas de início essa *atopia* tem lugar apropriado no campo da própria poesia. Talvez os melhores poemas deste livro sejam aqueles que possuem mais do que a função referencial de estabelecer o não-lugar na metrópole, também apontar o não-lugar do poeta na sua própria poesia. Assim, este breve "Teoria da poesia":

> o pouco que as poças dizem
> sobre a chuva, é mínima a memória
> que os mapas guardam do mundo
>
> o suor na camisa, na calça, nas meias,
> tudo trai a violenta passagem do sol
> (MELO, 2015, p. 97)

Aqui o não-lugar não é só do poeta que escreve este poema, parece ser, por extensão, a do poeta em geral. Assim, da dimensão individual o poema assume uma que é coletiva. Por outro lado, afinal, pode-se perguntar: quem lê poesia contemporânea hoje? A resposta parece ser a de que só um leitor especializado, com algumas raras exceções. Assim, chegamos ao ponto da poesia contar com uma espécie de leitor que parece se aproximar com o leitor "ideal". Este tende, como quer Blanchot (1987), a substituir de alguma forma o autor. Além do mais, nesta "Teoria da poesia", parece-se perder os fios da memória, que é "mínima", não sobrando espaço para a vazão do intimismo do autor.

Outros poemas, já na seção "Primeiros passos", são de tom um pouco diverso, embora tratem as mesmas questões do precedente. Assim, esta significativa "Praça Zero" em que "o sol / já não pode (ainda mais quente, / por mais que tente) desfazer /; esse quadro que o dia / todo dia inaugura e a noite / infecta esconde" (Ibid., p. 104). Este poema que fica entre o dia e a noite, entre o irromper e o esconder (velar), pode nos remeter tanto ao ato inaugural da escrita poética, como pensado por Octavio Paz (1984), como também, na visão da escrita como perdição, tal como vislumbrado por Maurice Blanchot (1987). De toda a forma, aqui mais do que uma rua concreta, vale seu aspecto simbólico, o que é representativo para a escrita poética, e para pensarmos o poema de uma forma geral.

Outros poemas desta seção poderiam também ser analisados. Como "Paradeiro", em que se invocaria o próprio paradeiro do autor?! De todo o modo, o poema parece estar sob nova direção, quiçá pelo primado do leitor. Como também, "Praça um", que é aqui um tipo de poema que terá vazão nas seções mais à frente, ou seja, de ressaltar o foco político, a crítica social. "Rua do bar", por outro lado, é um exemplo em que se fala do poeta como ébrio e do efeito "alucinante" da poesia, espaço de perdição. Mas é no poema "Sem saída", que nos deteremos um pouco mais. Citámo-lo integralmente:

o verso acaba no muro,
a vida
          e o que dela fizemos
: figuras desta rua,
fria metáfora de asfalto
e tijolos, de concreto
e retorno

não tem o que faz
delas, como os carros gostam,
vias; retém,
          tem memória,
barra, volve, encerra
(martela, prensa, martela
o som toma as formas
que forja)

nosso céu alto e cinza
começa e termina aqui
neste não
que o edifício leva
às costas
(MELO, 2015, p. 106)

Neste poema, tanto a estrutura como o campo de significação estão condensados na memória, na forma de expressão. Aqui se forma aquilo que já se cunhou nos outros livros pelo título geral de Máquina de Negatividade, que é o modo de imprimir a subtração de uma maneira constante e tenaz ao poema e à sua matéria, ou seja, a vida nele representada.

Assim, nesta "Paulicéia Caótica" devassada por Tarso de Melo, tanto o verso como a vida são fenômenos que estão inapelavelmente barrados, emparedados. Mas não que não se possa operar algum brilhantismo poético, pois o poema toma a forma que o artista da palavra lhe dá com seu engenho ("martela, prensa, martela / o som toma as formas / que forja"). E, além disso, a existência, apesar do emparedamento (e deste "não / que o edifício leva / às costas") corre solta.

Mas a partir da seção "Outras Quadras", com extensão para "Por Nada", "Nenhum Canto", "Era de Aquário" e "Cenas Mudas", vemos um Tarso de Melo diverso do habitual, digamos, "mais empírico". E é esta palavra que podemos utilizar para descrever o estatuto do "eu" que aparece na maioria dos poemas de todas estas seções. Falando, mais especificamente, de Rilke, Michael Hamburger (2007, p. 159) faz a distinção entre dois tipos de sujeitos poéticos: o *eu empírico*, isto é, o biográfico, e o *eu poético*, ou seja, o que contém propriamente os elementos literários. Embora não iremos adotar, *strictu sensu*, esta dupla classificação à frente, até porque não nos interessa fazer o levantamento de elementos biográficos na obra de Tarso de Melo, contudo, parece-nos relevante defender a ideia de que eles possam ser eventualmente colhidos e utilizados em outro trabalho.

Na seção "Outras Quadras", assim, já se nota uma espécie de cronista, ou seja, um eu mais próximo da realidade sensível, a devassar seus aspectos constitutivos. Desta forma, numa simples "Fila", com o seu aspecto irônico e desencantado ("mais um passo, outro passo a menos" – MELO, 2015, p. 114). E assim se sucede, num espetáculo de: obras, descrição de objetos, demolições e até na referência a monumentos. Um destes, o

“Monumento (2)” parece-nos ser muito instigante por sintetizar todos os outros poemas e pela jocosidade do final:

> há quem ore diante, dentro, até distante de
> suas colunas; um ou outro pode até sentir
> a tentação de ceder a seu convite imenso,
> explícito, violento para orar – eu, contudo,
> apenas choro: não pelo cimento, pelo vidro,
> pela madeira, pelo empenho de mão de obra,
> aço, tinta, terra, papel, plantas, talvez preces,
> brocas, pregos, carne, ar, ossos, parafusos,
> dias, noites, alicerces, água, fogo e alumínio,
> lágrimas, álibis – o universo que se recolheu
> para erguer um monumento (sólido, rápido,
> pingente a mais na paisagem já combalida
> dessas esquinas), não é por ele que choro,
> mas pela simples ocupação mal-humorada
> (e definitiva) do terreno dos circos eventuais
> (Ibid., p. 127)

Trata-se de um grande poema sobre São Paulo e sua grandiosidade. Uma espécie de sinfonia elegíaca, até perto do fim, sobre a cidade e suas construções monumentais, a eclipsar o ser humano, a torná-lo diminuto, ínfimo. Os dois versos finais tem como função estabelecer uma quebra semântica significativa no que se vêm expondo. Esta quebra é marcada vivamente pelo viés do humor, dir-se-ia, quem sabe, mambembe. Caso raríssimo na poesia tarsiana.

Por outro lado, apesar dos pontos fortes deste poema, prevalece no livro de 2007, uma tendência do poeta à crônica.

Deve ficar claro, porém, que não é a crônica rés do chão, e sim uma transubstanciada, mesclada com a alta poesia. Mas, mesmo assim, os leitores que se acostumaram com o Tarso de Melo dos três primeiros livros, estranham esta nova abordagem do autor. Contemplar a metrópole como símbolo seria o mais instigante e coerente com a poesia anterior. Agora, tomá-la um fim em si mesma, pode implicar em prejuízo de sua cosmovisão.

Isso está explícito na abordagem especificamente da seção "Por Nada", em que o nada aludido parece ter menor ressonância ontológica do que política. Toda esta seção é, ininterruptamente, dedicada a personagens marginais da grande cidade. Assim no poema sete à estátua humana que verte lágrimas de comoção; no seis ao travesti aposentado por invalidez; no quatro às crianças de rua; no um ao amputado. Tratam-se de cenas pungentes. Com mais ou menos recorrência na poesia contemporânea. Mas que deixam a sensação de que o poeta poderia ir mais a fundo e que, talvez, enfatize mais a crítica social do que outros aspectos que poderiam também ser enaltecidos.

Mas em "Nenhum Canto", temos uma espécie de refrigério em relação a esta guinada socializante de Tarso de Melo. O primeiro poema da série já é de certa forma ontológico e faz-nos ver além:

> pouco depois dos escombros,
> uns dias antes da chuva (e de chegarem
> as notícias do subúrbio, os gritos
> por escrito
> dos que sobraram e os ventos devorando

tudo, absolutamente tudo)

não havia ainda passado o filme
de nossas vidas (e o livro definitivo
ainda era uma encomenda)

uma rua ou menos até nossa casa,
e já era longe demais, pouco antes
do último golpe

a lua cansada
e um sol inquieto eram tudo
o que vinha do céu
(Ibid., p. 149).

Esta retomada dos poemas ontológicos é apenas parcial. Assim, no caso deste poema, apesar das referência à cidade, não há uma identificação precisa. Também não ocorre um esmiuçar de sua capilaridade, de seus objetos e seres. Volta aqui o que chamamos em outros momentos de "poema de atmosferas". Esta é uma tendência da seção, formada por dez poemas.

Sobre o título geral da seção "Nenhum Canto" – único título, já que os poemas ao invés de títulos são apenas numerados em sequência crescente (ao contrário da seção anterior, "Por Nada", que é numerada em ordem decrescente, de dez a um), de 1 a 10 –, podemos inferir que ele é multidimensional, pois se refere a espaço e tempo. A palavra "canto" tem uma significação de lugar, nenhum espaço, nenhum território, donde a *atopia* generalizada. Mas também tem o significado musical, nenhum canto, nenhuma música que seja expressa vocalmente, donde uma manifestação temporal, pois a música é por excelência a arte do tempo.

Ainda sobre o primeiro poema da seção, estes aspectos são notados. A música é dissonante, pois representada pelos "gritos por escritos" e pelos "ventos" a devorar "absolutamente tudo". A metáfora alia poesia e música na construção de uma poética da violência, lembrando-nos o que já dissemos anteriormente, com Paz e Cioran, de que a poesia de certa forma inicia com a violência sobre a linguagem. E aqui com a linguagem violenta.

Ademais, logo após, temos a expressão do espaçamento entre a errância e o refúgio, entre a rua e a casa. A constatação do poeta é que estão longe demais, mesmo perto. As distâncias são maximizadas por esta poesia da espacialidade. Na estrofe final, os astros e sua efemeridade, representam a ainda maior efemeridade que está a marcar nossa trajetória no mundo. Estamos em um universo sem Deus, e, talvez, sem esperanças.

Na verdade a estrofe final é repetida com algumas variações (mudanças no adjetivo de lua e sol) em todos os poemas da seção "Nenhum Canto". No poema 5 há a referência à "máquina da morte", terrível "a ignorar o silêncio / e explorar / a perícia dos atalhos / na cidade inconstante / e reta" (Ibid., p. 153). Esta máquina possui relação implícita com outra, a de Negatividade, pois a seguir "a lua estúpida / e um sol vago eram tudo / o que vinha do céu" (Ibidem). Estamos diante de uma poética das catástrofes, da irrupção da precariedade por toda a parte, a começar pela passagem do tempo, pela tarde que se corrói por dentro numa expectativa vã.

No poema 10, apesar de tudo que o precedeu, há otimismo. O jogo com diversas palavras leva perto do final à constatação de que havia também entre elas "a palavra poesia e havia poesia" (Ibid., 158). Assim, além da metalinguagem, além do exercício puramente autorreferencial, há também poesia, que se bifurca: autoexpressão e manifestação da realidade.

Neste sentido, o projeto tarsiano é um projeto francamente moderno, pois é ambíguo. Como ambígua é a visão da poesia moderna para Octavio Paz. Assim, cabe citarmos estas palavras finais do capítulo "A consagração do instante", de *O arco e a lira*:

> O destino da lírica foi diferente. Mortas as antigas deidades e a própria realidade objetiva negada pela consciência, o poema não tem mais nada que contar, exceto seu próprio ser. O poeta canta o canto. Mas o canto é comunicação. Ao monólogo não pode se seguir outra coisa que não o silêncio, ou uma aventura entre todas desesperada e extrema: a poesia não mais se encarnará na palavra e sim na vida. A palavra poética não consagrará a história, mas será história, vida. (PAZ, 1984, p. 282)

O poema, ser de palavras, é ao mesmo tempo pura expressão, ato inaugural, sem determinações, mas é também manifestação da vida, de uma vida que se articula literariamente. Desta forma, a ambiguidade é pedra de toque para Octavio Paz e para Tarso de Melo na constituição da relação que possivelmente medeia o poema e o real. O canto que canta a si próprio, o silêncio, a realidade (violenta) encarnada na palavra, tudo isso de alguma forma está presente na obra do autor de *Carbono*.

A seção seguinte "Era de Aquário" (*in loco, in vitro*), sem atingir a altura de "Nenhum Canto", está além literariamente falando de "Por Nada". Há nos poemas desta penúltima seção do livro, a ideia bastante original de intitulá-los com o CEP (Código de Endereçamento Postal) de cada um dos locais que são fontes de inspiração do poeta. São quinze poemas e quinze cenários a serem devassados. Eles se concentram em certas ruas e bairros de três cidades importantes da vida do poeta Tarso de Melo: Santo André, sua cidade natal; São Bernardo do Campo, onde reside; e São Paulo, cidade de formação superior. Os poemas remetem a locais importantes para o poeta, pois visitados por ele recorrentemente, *in loco*, ou seja, no local, mas também com uma ponta de artificialidade, pois *in vitro*, portanto, planejados e materializados em seu escritório.

Os poemas no geral remetem a questões existenciais, ao ritmo incansável da Grande São Paulo, ao seu aspecto monumental, entre outras características. De todos os poemas da seção é o décimo primeiro o que nos parece o mais interessante, endereçado ao CEP 01007010, ou seja, à Rua Doutor Falcão Filho, Centro, São Paulo-SP. Eis como ele foi urdido em sua integralidade:

o de bigode entrega as fichas
e o aquário funciona (garfo, faca,
gravatas) condicionado

a rua estreita passa
entre os prédios antigos
e o comércio (livros
velhos, longos cabelos,

sexo, sentenças,
chinese food) ferve

entramos sem convite
na peça alheia
e sempre estranha

estamos sós
no palco (seja tumulto,
seja túmulo) e a plateia
nos despreza
(MELO, 2015, p. 171)

Podemos perceber alguns aspectos instigantes neste poema. Há começar pela linguagem cifrada, como nos melhores momentos tarsianos: entrecortada, elíptica, dissonante, música verdadeiramente difícil, para ouvidos raros. Estes cortes se devem principalmente a inflação de parênteses no texto, bem como às eventuais mudanças de perspectiva. E no final "estamos sós / no palco (seja tumulto, / seja túmulo) e a plateia / nos despreza". Aqui há uma ambiguidade, uma dicotomia de enfoque. Podemos entender que o autor está só com sua obra, o poema, causa de "tumulto", ou seja, de reprovação, de repulsa, e, também, como uma espécie de "lápide de papel", por isso mesmo o "túmulo" referido. Sobrando somente o desprezo.

Além desta perspectiva, há aquela que implica na ideia de que o poema, o mais instigante da seção, nos remeta a questões existenciais. Assim, o fato de estarmos sós, é que mesmo na multidão estamos sozinhos. E não há uma perspectiva transcendental, uma promessa mística, que possa nos fazer realmente superar nossa contingência. Este é o grande dilema do poeta moderno, na visada de um Octavio Paz (1984), por exemplo. Este é também um dos dilemas de Tarso de Melo.

Neste sentido, a propalada negatividade do poeta, suas dissonâncias expressas em forma de poema, podem levar às antípodas, como dissemos no capítulo anterior, ou seja, à positividade, à adição. Ao violar a palavra e esvaziar o mundo, o poeta permite a criação de novos valores, que em certo sentido estão na alçada do fruidor, portanto, daquele leitor que consegue devassar as várias camadas do texto poético. Deste modo, apesar de enveredar muitas vezes pelo caminho da perda, não há propriamente um niilismo, pois o poema não dissipa a criação, pelo contrário, propicia o seu engendramento via recepção poética. Assim, como apontado na asserção do esteta Roger Cardinal, em relação ao expressionismo, do estímulo negativo alcança-se o positivo.

Ademais, também podemos pensar que o poema verdadeiramente "real", portanto, que expressa o referente, é muitas vezes aquele que vai além do figurativo. Isso se dá porque no realismo constantemente se tem uma visão caricatural da realidade, um olhar baseado nas aparências, nos fenômenos mais imediatos. A arte que trabalha com deformações e dissonâncias, em grande medida, tende a ser mais densa, a expor um modo de ver às coisas de maneira mais atenta e sofisticada.

Por fim, a última seção de *Lugar algum*, denominada "Cenas Mudas", é consagrada à representação e, por isso mesmo, tem algo de cinematográfico. As quinze partes guardam mesmo uma relação entre si, como num filme. Poderíamos entender toda a seção como uma representação da vida, cheia de maneirismos. Mas não são poemas que representam o melhor da poesia tarsiana.

Podemos concluir este capítulo dizendo que o maior livro (em extensão) de Tarso de Melo, é desigual se compararmos com a experiência estética dos três primeiros. Há pontos em que o poeta atinge culminâncias, como em "Teoria da Poesia" e as seções "Primeiros Passos", "Nenhum Canto" e "Era de Aquário". Porém, há outros em que fica aquém de sua potencialidade, notadamente nas seções "Outras Quadras", "Por Nada" e "Cenas Mudas". Este equilíbrio entre momentos excelentes e outros nem tanto torna a poesia de *Lugar algum*, menos sofisticada do que a de *Planos de fuga e outros poemas*, seu melhor livro de poemas até o ano de 2007. Todavia as mudanças realizadas foram mais de fundo do que em termos estruturais. Mas contando que é na relação de ambos os aspectos que funciona o empreendimento poético, *Lugar algum* pode ser considerado um bom livro de poemas, mas sem contar com a excelência do anterior.

5
EXAMES DE ROTINA: A DISCRIÇÃO DE UM BREVE LIVRO

Ao contrário do livro anterior, que enfeixa 81 poemas em quase 100 páginas, o quinto livro de Tarso de Melo, *Exames de rotina*, de 2008, caracteriza-se pela brevidade. São apenas 22 poemas delimitados em pouco mais de vinte páginas. Trata-se de um livro discreto, em que o poeta erige alguns poemas de alto estilo e densidade, entre outros de menor valor estético e existencial.

Os melhores poemas, da mesma forma como no livro de 2007, *Lugar algum*, são os primeiros. Dos quais destacaríamos o inicial, "Ainda", e o segundo, que dá título ao volume. No caso do primeiro poema, trata-se de uma peça que dá vazão ao enfoque existencial, bem como a enumeração:

> continuo aqui – cinquenta quilômetros distante
> do mar, três décadas depois do último descanso,
> em meio à insistente música das sirenes, ouvindo
> entre as notícias do rádio canções que anunciam
> estar tudo sob controle ao meu redor (a vida segue
> mostrando seus dentes brancos, a pele bronzeada,
> os cabelos ao vento, fartura na mesa, amor sem fim,
> carícias da brisa, areia quente entre os dedos,
> aposentadorias perfeitas na cidadezinha qualquer),
> sentindo o relógio bater nos ossos, continuo aqui
> (MELO, 2015, p. 73)

O poeta começa e termina o poema com uma expressão categórica: "continuo aqui". Esta permanência tem relação, por um lado, com o *habitat* do poeta, ou seja, a Grande São Paulo e por outro, com a sua casa simbólica, o poema. Quanto a esta última característica pode-se dizer com Octavio Paz que o poeta é igual ao poema, pois reside nele, fazendo de sua expressão um modo de colocar-se frente ao real, frente aos outros seres humanos: "Quando um poeta encontra sua palavra, reconhece-a: já estava nele. E ele estava nela. A palavra do poeta se confunde com ele próprio" (PAZ, 1984, p. 55). Fazendo-se expressão, o poeta pode transcender a efemeridade do corpo, manifestando mesmo que o negativo, um modo de fugir da morte autoral.

Já no caso do outro modo de habitação, aquela que possui um sentido mais literal, podemos dizer que diante de uma "Paulicéia" frenética, o autor encontra tempo para fazer-se além de seu cantor, um hóspede, talvez, "privilegiado". Assim, o poeta é aquele que se converte não só em intérprete das palavras da tribo, mas também em recriador destas mesmas palavras, de certo modo metamorfoseadas por este ser que se constitui essencialmente pela linguagem, pelo poema.

Desta forma, o significado de "sentindo o relógio bater nos ossos, continuo aqui", possui também uma conotação existencial. A vida expira por toda a parte, pois o ser humano é um compósito bastante frágil, mas o poeta continua, se faz presente entre nós. Mas podemos ir além do aspecto biográfico, vendo na sua presença não propriamente a irrupção da pessoa concreta, mas muito mais enquanto instauração de uma espécie de força expressiva, manifestação verbal, palavra cristalizada no poema.

Outro poema central do livro de 2008, é o que dá título ao volume, "Exames de rotina", exemplo de manifestação bastante pungente:

imigrantes ilegais ateiam fogo ao próprio corpo.
bombas apagam sinais de vida no território inimigo.
o desespero varre para o mar centenas de refugiados.
exército garante a realização de eleições democráticas.
novo ataque a mercado matou menos que o anterior.
novo ataque a hospital. novo ataque a bairros mortos.
vivas, epidemias erradicadas desmentem dados oficiais.
escravidão é reinventada no olho das grandes cidades.
desempregados ganham chutes, manifestantes, chumbo.
fronteiras – cada vez mais – precisam de muralhas.
o vocabulário é persistente: fome, seca, sede, guerra.
por seu turno, líderes mundiais lideram o mundo
(atores sempre atuam). o poema, estranhamente, mudo.
(MELO, 2015, p. 74)

Neste caso, um cenário bastante desolador é retratado pelo poeta, através de colagens de notícias. O poema possui um fundo nitidamente político-social. Mas ao contrário de outras peças poéticas tarsianas, aqui há uma verdadeira efusão lírica, pois este fundo não se coloca como barreira ou empecilho à construção estética. Aliás, o jogo de versos soltos, aparentemente sem coesão, confere ao poema uma atmosfera bastante soturna. Nada do que está expresso no poema é desconhecido por nós leitores, mas uma boa dose de estranhamento nos invade. É como se só o poema pudesse abrir nossos olhos, pois os jornais, revistas, noticiários de TV e a Internet, já não nos atingem a razão e o sentimento diante da banalização de tudo. Afinal, o excesso leva a carência, na esteira do que postula o sociólogo Jean Baudrillard. Mas o poema, o poema visceral de Tarso de Melo, ainda pode atingir nossa sensibilidade.

Assim, passados mais de dez anos da criação do poema, todos os fatos narrados nele continuam atuais. É como se o tempo tivesse se congelado no que há de pior em nossa sociedade hodierna e levado a cabo um projeto sinistro. Não parece ser possível não pensar em ecos de Kafka e a vislumbrada casta de burocratas malvados e insensíveis (Cf. *O processo*). Mas o pior é que continua "o poema, estranhamente, mudo". Aqui, embora Tarso de Melo faça uma poesia *engagée*, no sentido mais elevado da palavra, cobra de si mesmo e de outros poetas aquela participação nos acontecimentos político-econômico-sociais que a poesia pode proporcionar.

Outros poemas deste breve livro reforçam a aura de crítica de Tarso de Melo. Por exemplo, "Cadáver", em que é expressa categoricamente a banalização da morte na metrópole: "aquela que / virou manchete: 'acidente mata um / e complica o trânsito da cidade', / um dia, talvez, deixem-se enterrar" (Ibid., p. 82) Aqui chegamos a um ponto semelhante ao de "Exames de rotina", com maior força expressiva do que os poemas participativos da safra de *Lugar algum*. Este estado de coisas parece-nos ser verossímil pelo poeta apresentar tanto naquele poema quanto neste uma verdade que parece ser difícil de refutar, a objetificação da vida, em nossos tempos pós-modernos. A vida humana parece sucumbir e ser desvalorizada gradativamente, donde, como referimos, a banalização da morte, expressa em termos quantitativos e em uma enumeração, que não é simplesmente obra do poeta, mas sim das notícias veiculadas, sinal da violência de nossos tempos.

Entretanto, numa perspectiva bem diversa, no contexto dos mitos e do sagrado, René Girard expôs a relação da morte com a violência: "A morte é no fundo a maior violência que pode acontecer a um homem" (GIRARD, 1998, p. 46). Mas se a morte é nota comum, toda a violência aparece assim em nosso tecido social como algo ordinário, sem causar mais nenhum alvoroço ou quase nenhum. O poeta é aquele que lança ainda um apelo, uma forma de indignação diante do que já é da ordem do dia a dia da metrópole.

Ademais, teríamos alguns outros poemas que falam da relação do poeta com os problemas de ordem social. Assim, "Fóssil" e "Outro fóssil", peças em que se trabalha a questão da desumanização do homem; "B. Brecht" e o problema da efemeridade dos objetos e dos nossos gostos; "Seguro", com o tema da posição social em nossa sociedade. Mas mais interessantes, sem dúvida, são os poemas que fogem de certo esquematismo crítico e se aventuram na implosão de todos os valores, ou seja, nos poemas em que são expressos uma negatividade maior e com maior pendor ontológico. Neste sentido, por exemplo, o poema, "Fúria":

> chega um dia em que o concreto cansa,
> o aço depõe suas armas, dissipa os vidros,
> desatam-se os nós impotentes da madeira,
> cordas, cabos, correntes desistem da tarefa,
> o plástico não se lembra de suas obrigações,
> o mármore dobra sob nossos pés e levamos
> a ponte pouco a pouco em nossos pulmões.
> um dia, é a cidade inteira que se aconchega,
> maligna, no vão livre de suas costelas
> (MELO, 2015, p. 86)

Este poema é uma verdadeira "Caosópolis". Poema entrópico e de dilaceramentos, representa a crise no coração da metrópole. A matéria parece trazer consigo, no que tem de mais elementar, a marca de derrocadas. Até os materiais super-resistentes, como o aço, sucumbem a esta desagregação coletiva. E cabe ao homem receber, no final, como paga, toda esta ruína, toda esta avalanche, simbolicamente, em cima de si.

Na verdade, o poema possui uma forma alternativa de pensarmos toda esta desestruturação. O homem é um emparedado, um cativo, um oprimido pela metrópole. Daí, metaforicamente, a fúria de todo este material que serve de alicerce para o metropolitano não somente viver, mas aderir ao progresso e outras promessas nem tão venturosas. Trata-se de um breve poema épico às avessas, em que a saga de uma grande cidade (São Paulo ou outra metrópole qualquer) é contada, mas não pelos feitos e sim pelo seu flagelo, pela sua doença. O herói, imerso no poema, não aparece, dando a entender que existe apenas como pálida sombra, o reflexo da própria linguagem que enuncia.

Neste sentido, ao contrário do que afirmamos para o caso do poema "Ainda", parece faltar ao poeta a efetivação de seu canto. Ele assim silencia. E a linguagem ganha vida própria, como nos diz Maurice Blanchot, na esteira do que afirma em relação ao Surrealismo e a escrita automática:

> Penetro na palavra, ela guarda minha marca e é minha realidade impressa: adere à minha não-aderência. Mas de outro lado, essa liberdade das palavras significa que as palavras se liberam por si mesmas: elas não dependem mais exclusivamente das coisas que expressam, agem por conta própria, brincam e, como diz Breton, "fazem amor". (BLANCHOT, 1997, p. 91)

É claro que a escrita automática é uma experiência extrema e usada com parcimônia, em geral, pelos surrealistas. Mas, mesmo assim, realmente, em certo nível, há uma não-aderência, como nos fala Blanchot, do poeta em relação ao texto materializado, à palavra poética.

Por isso, devemos olhar a questão com cautela. E mais, com certa ambiguidade, como nos ensina Octavio Paz. O poema é a casa do poeta, mas também é algo que lhe é estranho, pois contém em si o outro, o leitor, aquele que dará um sentido novo ao poema. Assim, este pode ser visto metaforicamente tal como o casco do caracol, ao mesmo tempo que é algo estranho ao poeta lhe é familiar, morada mas também algo externo.

Desta forma, todos estes poemas que analisamos neste capítulo fornecem instigantes considerações acerca da natureza do poema e do estatuto do eu-lírico. Também fomentam ricas contribuições para pensarmos aspectos da realidade, notadamente questões que envolvem o fenômeno social. Além disso, questões de matizes existenciais são expostas, com um fundo marcadamente sensível e, em alguns casos, de natureza reflexiva. É quando surgem estes episódios reflexivos (em que se pode ir além do senso comum e dos clichês costumeiros de parte de nossa poesia contemporânea),[8] aonde são vazados aspectos que dão conta de uma ontologia da existência.

É neste sentido que temos um poema como "À espera" em que se conclui de modo emocionante: "onde foi que todos nos desencontramos" (MELO, 2015, p. 88). Esta incomunicabilidade essencial lembra-nos de certa forma

---

[8] Penso, sobretudo, na poesia remanescente dos poetas "marginais", bastante difundida entre parcela significativa de novos autores do século XXI e os antigos poetas desta tendência, que continuam na ativa.

a trilogia do cineasta Michelangelo Antonioni, em que as pessoas vivem num mundo de privação afetiva, um mundo de tédio e náusea, enfim, um mundo cinza – para usar a cor predileta da poesia tarsiana, ou melhor, a cor que representa o seu mundo quase monocromático. Para o poeta paulista a cidade, a grande cidade, gera um fastio em (de) tudo, e mesmo as relações aparecem enfraquecidas, diluídas num cenário que se consome aos poucos, em *piano*, mas gravemente.

A partir destas colocações todas, podemos perceber que a breve coleção de 2008 possui alguns pontos muito altos, casos mesmo de poesia elevada. Contudo, não deixa de ser notável a sensação de "quero mais", explícita para quem se acostumou a livros mais volumosos e com maiores êxitos. Neste sentido, *Exames de rotina* não preenche certa frustração que se pode aventar no leitor criterioso e que já ficou materializada por nós em certos momentos de *Lugar algum*. Assim, parece-nos mesmo que o livro de 2008 é uma extensão do livro de 2007. Não sendo, quiçá, despropositado inferir que o quinto livro de poesias de Tarso de Melo poderia ser uma grande seção do quarto.

Por fim, como ficou implícito na nossa análise, o aspecto ontológico na poesia tarsiana aparece menos do que a crítica social, embora em alguns momentos, como no poema título do volume, ambas as dimensões sejam conjugadas. E é em momentos como este, em que aparece o melhor do poeta, que o vemos atingir os cumes do seu labor poético.

6

CADERNO INQUIETO: O NOVO ÁPICE NA EXPRESSÃO DO MISTÉRIO POÉTICO

Uma das características mais notáveis da sexta coleção de poemas de Tarso de Melo, intitulada *Caderno inquieto*, é a quantidade de acertos, do ponto de vista estético e também de fundo, que este livro proporciona ao leitor interessado. Neste sentido, o poeta volta a atingir, como iremos ver, a sua melhor fase, que de certo modo havia sido eclipsada em *Lugar algum* e *Exames de rotina*. Assim, a série de poemas é dividida em duas seções, a principal, com 42 poemas, escritos de um modo mais pessoal, e a segunda, intitulada "Entre outros", com apenas três poemas, e que a princípio pode parecer um tanto coadjuvante, mas que, por outro lado, é muito instigante.

O livro começa já com um poema muito significativo, pois intitulado "Poéticas (1)", com vazão de certo pessimismo, ou melhor, do viés de negatividade exposto como poética pelo autor: "o poema, enterrado na cova do poema, nomeado / e inominável" (MELO, 2012, p. 11). O inominável é o que carregamos conosco, e ele se faz presente na linguagem, especialmente na poética. Assim, há a presença no poema de uma base finita, relacionada mais particularmente com a sua materialidade: os signos, figuras de linguagem, seu viés semântico. Por outro lado, também há uma zona de exorbitância, em que a linguagem pode se voltar para o mistério, para a morte, em seu sentido literário, enfim, ao inominável, a que podemos chamar de base infinita. Esta base, imaterializável, o poeta vislumbra no processo de construção do poema, mas apenas virtualmente, já que o poema em si, na linha do que pensam Mallarmé, Blanchot e aqui, neste caso, Tarso de Melo, é inominável.

Desta forma, para um crítico e poeta do porte de Maurice Blanchot, o artista é aquele que está sempre a dizer, ou como pode ser expresso de outra forma, é sempre ser em falta, pois se lhe é impossível exprimir o inexprimível. Assim, a obra é o lugar onde "a verdade falta", como nos diz o autor em sua obra *O espaço literário*:

> Somos, por um movimento demasiado forte, atraídos para um espaço onde a verdade falta, onde os limites desapareceram, onde somos entregues à exorbitância, e é aí, entretanto, que nos é imposto manter um passo certo, não perder a medida das coisas e procurar uma fala verdadeira, indo ao fundo do erro. (BLANCHOT, 1987, p. 184)

Neste caso, a obra que vem ao mundo é uma espécie de recorte da "obra em si". É uma interrupção no inesgotável fluxo da inspiração, espécie de silenciamento do seu contínuo "murmúrio". Portanto, a inspiração, entendida como fala errante, nunca poderá ser manifesta em ato, mas somente em termos virtuais, potencialmente. É que por fazer parte do ilimitado, o limitado o carrega em gérmen.

Ademais, à frente, aparece esta constatação: "O que vai ao poema é pálida sombra / do que fica nos ossos" (Ibid., p. 11). Aqui estamos diante da impossibilidade da expressão mais genuína, pois o que é mais entranhado parece ser impossível de desentranhar. Novamente aparece a caducidade do poema, visto por um viés negativo, o que algumas vezes já chamamos neste ensaio de Máquina de Negatividade, levando ao extremo oposto o *Claro enigma* drummondiano, em que há um jogo com o mistério, e em que há a expressão de certo otimismo transcendental, apesar dos "olhos baixos e incuriosos". Assim, na perspectiva tarsiana, fica mais uma vez explicitada a perspectiva que vê no poema a sua carga de efemeridade, como na vida, em contraposição à infinita inspiração.

Entretanto, no final, o poeta muda, em certo sentido, a direção do seu discurso: "O que se há de dizer escapa: cruza o rio de palavras / e chega, cada vez mais seco, à outra margem" (Ibidem). Notemos nesta passagem a volta da metáfora do rio, preciosa em outros livros, como *Carbono*. No que implica esta outra margem? Parece-nos que ao mesmo tempo em que se afirma que o poeta não consegue dizer "tudo", pelo menos não tudo o que gostaria – pois como nos alerta Maurice Blanchot, em obras como *O espaço literário* e *A conversa infinita*, é necessário para materializar a palavra realizar uma espécie de recorte na inspiração (infinita) –, por outro lado, o leitor pode alçar-se a condição de vislumbrar, na outra margem, aquilo que ficou em suspenso. Assim, a palavra poética em suas múltiplas camadas, abrangências e significados pode atingir os leitores criativos e sagazes.

Desta forma, o poema tem uma dupla conotação: é contingente e efêmero por um lado, visto que se perde tudo no seu processo de materialização, espécie de "lápide de papel"; mas por outro, ao trazer consigo o mistério, bem como ao trazer em potência a infinidade da inspiração, revela-se como um artefato que pode ser duradouro. Neste sentido, pensando agora mais em Octavio Paz do que Maurice Blanchot, sem o leitor, o autor claudica e não tem a possibilidade de permanência.

Por outro lado, observamos ainda, algumas características peculiares neste primeiro poema do livro, tais como: o uso do ponto final em alguns versos, inclusive no verso final; linguagem mais fluida, sem a concisão de outrora. Mas estas características não serão dominantes no livro como um todo, pois ele se assemelha estruturalmente muito aos livros anteriores do autor.

O poema seguinte, "Paisagem com vozes", ainda traz algumas características do primeiro. Os versos longos e marcados pela pontuação, ainda mais reincidente, deixam claro uma linguagem pausada, embora haja um número menor de versos, o que, se já não nos faz pensar em concisão, permite ao menos entrever a economia de meios. Neste poema, o autor consegue criar belas imagens, sem nunca perder o senso de lucidez, que é, aliás, agudo:

> cada parte do que somos some aos poucos conosco.
>
> baças, no tapete, as crianças espalham sorrisos
> na porção do território que ainda não perdemos.
> (MELO, 2012, p. 12)

O desmantelamento do ser, sua extinção gradativa, é disto que trata o poema. O ser humano some aos poucos, mas ainda têm alguns lampejos de humanidade, de sentimento, nas pequenas coisas da vida, como o sorriso infantil, que se custa mais a perder diante da banalização de tudo, inclusive das relações e da falta de sentido da vida na pós-modernidade.

Nesta medida, da falta de sentido de tudo, temos este poema antológico e ontológico, marcado verdadeiramente pelo sinal de menos, pelo viés da crise, ou a entropia, "Nadas":

> a hora exausta, o dia infértil,
> o que se passa entre um e outro ano
> e o que não passa: difícil escapar

sonhos rasgam a manhã
sob a malha terrível
que o sol não dissipa
(Ibid., p. 19)

A "hora exausta" a atingir mesmo o coração do tempo, lembra "o assassinato do real", terceira parte de *A ilusão vital*, série de conferências realizadas na Universidade da Califórnia por Jean Baudrillard, no ano de 1999, e publicadas aqui no Brasil em 2001. Assim, como o autor de *Tela total* sustenta: "Em nosso próprio mundo virtual, a questão do real, do referente, do sujeito e do objeto, não pode ser mais apresentada." (BAUDRILLARD, 2001, p. 68) O sociólogo francês não expõe que o real esteja se perdendo pela sua ausência, mas sim pelo contrário, a abundância de realidade traz seu esvaziamento, assim como o excesso de informação traz fim a comunicação, do mesmo modo como a profusão exagerada de pornografia mata o erotismo e a do hiper-realismo faz que se perca o referente na arte. Neste sentido, o real e o virtual, o sujeito e o objeto, estão de tal forma amalgamados que parece, no nosso mundo pós-moderno, ser impossível falar sobre eles. Mas a arte, por outro lado, em especial a poesia, cria formas de exprimir o inexprimível (o abismo que é o ser humano...), coisa que a sociologia, a filosofia, e outras ciências humanas, ficam um passo aquém.

Desta forma, o poema de Tarso está a evocar o onirismo, mas um onirismo extremamente lúcido (como Cioran viu a radical lucidez nos pesadelos), desembocando na manhã de sol. Neste sentido, enquanto o sol representaria o elemento racional, os sonhos representariam o elemento noturno que vão dar na manhã "sob a malha terrível". Assim, o nosso entendimento é contaminado pelos sonhos-pesadelos e a pobre razão não pode fazer coisa alguma. O elemento noturno, benfazejo por um lado, pois é o que propicia a criação, representa, por outro, a perdição, o encontro com o ignoto, o vislumbre do mistério, do incognoscível, tirando do eixo o ser humano, acostumado com sua perspectiva solar, diurna.

Trazer a noite pode acarretar uma espécie de culpa, apesar da sua importância para a criação. E é disto que nos fala Blanchot: "As pessoas que dormem mal parecem sempre mais ou menos culpadas: o que fazem elas? Tornam a noite presente" (BLANCHOT, 1987, p. 267). A noite impeliria assim o recuo, a fuga de todos diante do desconhecido. A culpa estaria relacionada aos poucos, como certos artistas da palavra, que voltam seu olhar para o mistério, procurando estabelecer uma visão que transcenda a perspectiva mais imediatista da realidade.

Deste modo, *A ilusão vital*, apregoada no título do livro de Baudrillard, refere-se à valorização deste mistério, que na alçada da arte, vai à contramão da banalização do real. Neste sentido, um poema como "Depressa", de Tarso de Melo, representa a afirmação desta ilusão, um desafogo em meio a tendências reducionistas.

há um apelo a costurar a espera
há um senão em cada desencontro

um fio que não leva mais à luz
um não que encerra cada aposta

mas a noite é insondável
e adia a ruína e seus assaltos
(MELO, 2012, p. 44)

A noite parece ser assim este espaço da ilusão benfazeja, espaço do mistério, "insondável" por um lado, mas que por isso mesmo adia as especulações simplistas e banais. Tais especulações almejam além da irrupção do banal o advento da transparência, de certa forma apontando seu arsenal contra a arte que valoriza o "elevado", o sublime, o mistério. Se de um lado temos o elogio do banal pelo viés da nulidade, que está longe da valorização de elementos prosaicos da alta tradição modernista,[9] por outro há a poesia que valoriza o enigma, o mistério e *vela o velado*. É neste último grupo que se insere o nome de Tarso de Melo.

Embora apareça na trama do poema mais uma vez a subtração, os sentimentos de perda, desolação, frustração ou mesmo a experiência do desencontro, deixa-se entrever que ele dá vazão, afinal de contas, a algo a que se apegar. A noite é, nesta poesia tão afeita a ela, a oportunidade de escapar dos reducionismos e criar aquilo que Octavio Paz chama de *Outridade*, cuja significação podemos assim resumir: espaço de manifestação daquilo que é alheio a nós, mas que ao mesmo tempo

[9] Em se tratando dos que apostam no banal pelo viés da nulidade, temos pelo menos dois poetas oriundos da Poesia "Marginal", bastante populares nos círculos universitários: Francisco Alvim e Chacal. Apostam ainda, a nosso ver, se não equivocadamente no poema-piada, com certeza de forma errônea no besteirol. Não desprovidos de talento, apostam suas fichas mais no humor do que numa poesia mais "elevada". Sendo que esta, quando surge, oportuniza ao leitor uma experiência fruitiva mais consistente.

permanece conosco entranhado – o sobrenatural, o fantástico, o terror sagrado. A noite é assim também, exterior e interior, paisagem externa e interna.

Mas, para além da simbologia do poema, a riqueza nos mais diversos extratos deste se faz sentir de forma significativa em Tarso de Melo. Em "Poéticas (3)" o autor realiza um jogo com a obstrução do verso pelos parênteses e com o que realmente é dito pelo mesmo: "entre os versos sem saída (sentir / não faz mais sentido) e o abismo..." (Ibid., p. 48). A presença da metalinguagem não torna o poema artificial, pelo contrário, auxilia o poeta (que não se mostra, deixa-se entrever apenas como sombra, espectro ou noite escura) na expressão do abismo, imagem que já vimos em *Carbono*. A insensibilidade, nota comum de nosso tempo, ao qual alerta o poeta, possui abrangência e profundidade, apontando assim para uma "macrofísica" das relações.

Mas a negatividade da poesia de Tarso de Melo nos lembra também o pensamento cético de Emil Michel Cioran. Em *Breviário de decomposição*, o autor chega mesmo a dizer que diante do fisiologismo dos sentimentos, o mais destacado dentre eles na cultura ocidental, a saber, o amor, não escapa de certa precariedade fundamental:

> Consideremos o amor: há expansão mais nobre, arrebatamento menos suspeito? Seus estremecimentos competem com a música, rivalizam com as lágrimas da solidão e do êxtase: é o sublime, mas um sublime inseparável das vias urinárias: transportes vizinhos à excreção, céu das glândulas, santidade súbita dos orifícios... (CIORAN, 1989, p. 151)

Mas se nada parece valer a pena, se "sentir não faz mais sentido", então Deus realmente está morto, como aventou Nietzsche. E não há razão para iniciá-lo com maiúscula:

> deus, a palavra deus,
> imagem que se desata
>
> em um mundo podre
> de palavras, grávido
>
> de lutas e de lástima
> (vão do aqui e do agora,
>
> desperdício das horas)
> astro mutilado a varar
>
> seja o céu ou a solidão
> selvagem do dicionário
> (MELO, 2012, p. 52)

Aqui o poeta está a considerar "deus" como um sem-lugar no universo, donde remetemos ao conceito de *atopia*. É inusitado perceber que em pleno século 21, por outro lado, ainda muitos morrem por ele, ou melhor, pela ideia que fazem de um ser perfeito que os levará a outro plano. Daí o comércio que se faz através da religião ser um dos fenômenos mais perceptíveis na contemporaneidade. Todavia, nada mais longe do divino do que estes cultos e estas práticas. Não só a existência, mas de certa forma a imagem e o conceito ("a palavra deus") que se tem no geral Dele, perdem sentido na nossa cultura, esvaziadas de todo o seu significado, que, em outras épocas mais auspiciosas, haviam angariado.

Neste sentido, também é marcado pelo sinal negativo, o último poema da primeira seção, intitulado "Rumor". São apenas cinco versos curtos, remetendo à tendência minimalista. É também bastante substantivado e com apenas um adjetivo:

> não há susto ou indício
> treva trama desencontros
> o rei continua vivo
> os dias não saem da fila
> a vida não é mais que isso
> (Ibid., p. 53)

Mais uma vez temos a redução da vida à passagem do tempo e ao vazio de significação. Mas aqui fica muito marcado o viés político. O rei representa o *status quo*, a perpetuação no poder pelos mesmos. Mais do que pensar em casos específicos, é importante refletir, por trás do viés negativo, que nossa democracia não trouxe o que dela se esperava, mas que o poema é muito mais uma denúncia contra o comodismo do que o elogio da inércia.

Sobre os três poemas da última seção, haveria muito a ser falado. Sintetizaremos. *Ready-made* cumpre bem a finalidade duchampiana a que se propõe Tarso de Melo: tornar algum elemento ordinário em um objeto de arte, mas sem com isso fazer do poema uma nulidade. O banal, evocado nas notícias sobre a passagem de Naomi Campbell por São Paulo, desta forma, cumpre bem sua função. A ironia, marca a nulidade dos atos da top-model, mas não em relação ao caráter *eidético* do poema, que tem sua integridade preservada.

No poema seguinte, "Saiba", o poeta paulista remete suas inferências para o lugar da poesia. E ela, consoante à referência a um poeta mexicano, a saber, Octavio Paz, é a morada do mito. Uma crítica que poderia ser feita a esta peça de Tarso de Melo é o excesso de parênteses, o que torna o poema algo labiríntico, e o deixa excessivamente hermético.

Mas o poema seguinte, fecho da obra, "Welby", além de tocante está muito bem equilibrado, equilíbrio que acontece de maneira quase total nos poemas do autor nascido em Santo André. No poema é feito um breve relato poético da doença degenerativa e da morte do poeta Piergorgio Welby, sendo que na última estrofe se indaga:

> mas será, Welby, que o poema
> – não o poema qualquer,
> sobre o papel qualquer,
> com quaisquer palavras,
> mas o poema final, o sinal
> último e inconfundível
> de que o combate não interessa
> – pode decidir, como a vida,
> onde acaba o seu sentido?
> (Ibid., p. 61)

A busca pelo sentido na poesia. Já não será o bastante, diante da mesmice da vida? Nesta medida, podemos adaptar o pensamento final do livro *A ilusão vital*, de Baudrillard, para o caso da poesia de Tarso de Melo: "Pois, diante de um mundo que é ininteligível e problemático, nossa tarefa é clara: precisamos tornar este mundo ainda mais ininteligível, ainda mais enigmático." (BAUDRILLARD, 2001, p. 89) A ilusão criadora possui sua contrapartida no mistério, pois ele é necessário para que continue havendo busca, curiosidade, alimento para o espírito.

Assim, a poesia presente neste sexto livro do autor paulista, também vai à caça de algum tipo de resposta que dê sentido ao poetizar, por isso o título geral do livro: *Caderno inquieto*. Esta inquietação remete a uma procura prolífica. E com ela Tarso de Melo se alça num seleto grupo de poetas destemidos e originais.

7
ÍNTIMO DESABRIGO: O RETORNO DO POETA *ENGAGÉE*

Podemos afirmar já de início que o sétimo livro de Tarso de Melo tem alguns parentescos com o quarto, *Lugar algum*, principalmente no que concerne ao enfoque social, à poesia participativa, *engagée*. Entretanto, como veremos, no que diz respeito a este quesito, o poeta chega a uma voltagem mais alta e densa no livro saído há pouco, em 2017.

Assim, sua primeira seção, a mais longa, é intitulada "Não Sei". Começa logo com o poema que dá título ao volume, "*Íntimo desabrigo*", poema instigante pelo jogo com as palavras, pelas reiterações, assonâncias e aliterações e, no final, o derradeiro desabrigo: "o zíper de sua mochila oca o caco de seu copo tosco / os tocos de sua voz a foz da minha fala nela desaba / onde guardei minha história onde morei até ontem" (MELO, 2017, p. 7). Note-se já aqui a presença de um "eu" que já não é mais aquele imerso na noite escura, que de alguma forma já não mais é camuflado, submerso, puramente ilusório, mas que de alguma forma revela seu conteúdo (sensações, sentimentos, ideias) mais intrínseco. No universo poético de *Íntimo desabrigo*, o livro, como veremos a seguir, é resgatado o referente e o autor.

É neste sentido que o autor vaza, por um lado, poemas intimistas que nos mostram que uma espécie de "eu biográfico" está presente em sua lira. Como em "Verônica": "Eu queria ver apenas as fotos em que Verônica está linda" (Ibid., p. 8). Este poema pungente, em que se retrata a violência contra a mulher, expressa um querer que está para além da encenação simbólica, criando uma zona de convergência com o sensível. Aqui as ruínas tantas vezes cantadas em relação ao nosso mundo, a metrópole, ao ser humano, aos objetos e demais entes, a tudo enfim, deixam de ter um sentido metafísico ou ontológico, para encontrar uma significação empírica, sentimental, humana. Esta significação é que leva ao desabafo final: "Nunca mais quero ver os cabelos que os homens acharam / sob os cabelos de Verônica, o corpo que espancaram sob as roupas / de Verônica, o monstro que pariram com seus chutes. / Nunca mais. Nunca mais. Nunca mais" (Ibidem).

Mas antes de prosseguirmos enfocando estes poemas intimistas, por um lado, e os de foro social, por outro, vamos nos defrontar com alguns exemplos de poesia que não se adéquam bem a esta tendência geral do livro e que possuem relação com os outros livros do poeta paulista.

Há, neste sentido, alguns poemas que revelam a preocupação com o estatuto do sujeito poético e, por extensão, da poesia. Assim, "Não sei", poema que dá nome a seção. A ausência de respostas, de um caminho seguro a seguir, parece contrariar a postura do "outro" Tarso de Melo que aparece no livro, o dos poemas de cunho socializantes. Embora o poeta confesse o fingimento, a burla, permanece aqui fiel ao legado de sua poética, de sua Máquina de Negatividade: "Não sei se, ao acaso, ao fingir esse drama, / eu conquisto bem mais do que a chuva do tédio, / do que o mar de desprezo, de frieza e recusa" (Ibid., p. 10). Com este tédio reflexivo e emotivo, e a sensação de não ser entendido, pois faltaria empatia e ressonância da parte do fruidor, constrói Tarso de Melo um desafogo em relação ao ato de criar poeticamente, de se expor, deixar sua marca.

Assim o desejo de ressonância esbarra na possível incomunicabilidade, real se pensarmos que poucos leem poesia contemporânea nos dias de hoje e menos ainda são os que verdadeiramente a entendem. A sensação de fracasso pode advir em alguns momentos, visto que o poeta de hoje, mais que o de ontem, sente de forma aguda o sentimento de solidão.

Ademais, em "Onde" (Ibid., p. 19), temos a indagação sobre o improvável lugar da poesia, onde poderíamos afinal verdadeiramente encontrá-la? Já em "Feitio de Oração" (Ibid., p. 26), encontramos o poeta às voltas em tecer o poema e vê-lo, no final, "desaparecer". Neste caso, voltamos à questão do poema em sua materialidade (limitado) e no seu aspecto virtual (ilimitado), sob a direção da inesgotável inspiração. No caso de "Estilhaços" (Ibid., p. 27), há a referência aos cacos da poesia, onde o poema ser um artefato ("mochila") que "pesa mais e menos", ou seja, ficando à contramão da mediocridade da palavra ordinária. Mas nos deteremos um pouco mais em outro poema, "Cadernetas", pelo que evoca além dos outros:

> Um dia, enfim, você percebe:
> as que ficaram em branco
> eram as que mais tinham a dizer.
> (Ibid., p. 18)

Neste ponto fica manifesto o poder do silêncio, o da não-expressão. A recusa da escrita é algo que foi já debatido por alguns críticos literários e desafia nossa compreensão. Os limites entre a obra e a não-obra, entre o silêncio e a escrita, são, de certa forma bastante tênues. E convém lembrar que Kafka, um dos maiores escritores do século XX, recomendou o apagamento de sua obra, ou seja, a sua destruição, o que de certa forma equivale a não se expor. Neste sentido, afirma Maurice Blanchot:

> Kafka quis destruir sua obra, talvez porque esta lhe parecesse condenada a aumentar o mal-entendido universal. (...) Talvez seu desejo tenha sido o de desaparecer, discretamente, como um enigma que quer escapar do olhar. Mas essa discrição o entregou ao público, esse segredo o tornou glorioso. Agora o enigma está exposto em toda a parte, ele está as claras, ele é sua própria encenação. (BLANCHOT, 1997, p. 9)

De certa forma o papel em branco seria o antídoto para lidar com a infinita inspiração. Um artifício que o artista da palavra utilizaria para vencer o tempo, a efemeridade da obra e, como Kafka talvez quisesse, manter-se como um discreto e silencioso enigma. Mas, por outro lado, quem fala literariamente da recusa da escrita de certo modo está fazendo o seu avesso, afirmando-a mesmo que pelo viés do negativo.

Tratemos agora dos poemas que revelam a presença da negatividade, do processo de subtração na poesia tarsiana. Neste sentido, "Panta rei" é um poema que se destaca:

> Heráclito não tinha pressa
> em cada fio de que são feitas
> as coisas todas vivem
> de comer a si próprias
> e assim se encaminham
> para o desaparecimento
> dentro do mais dentro de si
>
> (o calor escala a luz)

: talvez seja esse o nome
que nunca tivemos coragem
de dar à nossa esperança
(MELO, 2017, p. 43)

Tal como exposto na filosofia heraclítica, todos os seres sofrem o processo de geração e corrupção, visto que, estando cativos da ordem do devir, desaparecem e são substituídos por outros seres, numa corrente de forças perene, que se expande e se retrai conforme ciclos cósmicos. Assim, da relação entre as coisas pode-se dizer que o ser é e não é ao mesmo tempo, ou mesmo, que ele apenas está sendo enquanto brilha fugazmente. Tarso de Melo aufere, de certo modo, à sua Máquina de Negatividade o princípio da eterna permuta entre as coisas: "e assim se encaminham / para o desaparecimento / dentro do mais dentro de si". Extrai, contudo, do viés negativo a "esperança" de que por este processo exclusivamente natural de se pensar a relação entre todos os seres e o seu destino possamos encontrar alguma explicação para o fenômeno da existência.

O viés reflexivo, em que o poeta expõe a sua visão da existência enquanto subtração, perda, deriva, encontra no poema "Cinza" outra contribuição de natureza poético-filosófica:

O que vai ser
dos nossos sonhos
quando não pudermos
mais dormir? Faremos
deles a vida acordada
(como quem não aceita

que jardins possam morrer
e planta e rega e cuida)
ou seguiremos assim
tristes e insones
sem que nada voe
no horizonte cinza
da cabeça que arde
sem desejos
no lençol?
(Ibid., p. 33)

Neste poema talvez tenhamos mais do que a negatividade costumeira, um profundo pessimismo. Assim, a vida "cinza": sem sonhos, ilusões, crenças. Uma vida que parece naufragar em um tédio existencialista. Mas, diferentemente aqui de um Sartre e do "outro" Tarso de Melo não há pelo que lutar, visto que nem os desejos permanecem diante do desencanto em relação à existência. Sobra um mundo que soçobra em cinza, cor de todas as desilusões, dos sonhos vencidos, suicídio implacável e integral de qualquer esperança.

Neste poema, também é registrada a presença da expiação da parte do poeta. Apesar de sinalizar para que ela seja imputada a uma coletividade ("O que vai ser / dos nossos sonhos / quando não pudermos / mais dormir?"), o autor está cônscio de que ao poeta cabe, mesmo depois da perda da aura baudelaireana, a pecha de visionário e daí a de bode expiatório. Vendo além, ele ultrapassa o interdito no seio da comunidade. Assim, representando crise no seio da mesma, noite escura no lugar do dia claro, ele deve pagar. Mas, ao representar crise, representa também caminho, pois é o *pharmakós*, a droga que tanto pode fazer mal como bem, dependendo de sua dosagem (Cf. DERRIDA, 2005, GIRARD, 2003, WISNIK, 2002).

Se neste poema, "Cinza", há toda uma simbologia por trás da representação do "eu", tornando-o escorregadio para uma abordagem de cunho mais biográfico, ou, mesmo, intimista, em outros momentos o cenário é diverso. Em "Desajustes", apesar do título, parece haver certa irrupção do "eu empírico": "sobre minhas mãos sem calos / a biografia deita como um espelho..." (MELO, 2017, p. 37). Aqui apesar da influência ratificada de outros autores, e, quiçá, certa angústia da influência, o poeta de *Planos de fuga*, por trás dos aludidos desajustes expressivos, não consegue apagar o seu alto desempenho poético, que o conjunto da obra propicia. Aliás, os desajustes diante da expressão genuína, da efusão lírica verdadeira, são expressos no final como um ganho pessoal, mesmo que de forma indireta: "porque não me encaixo / nem vejo mal nisso" (Ibidem). Desta forma há uma autonomia lírica, um não se ajustar bem as tendências que dão as cartas no momento, na contemporaneidade, o que, realmente, não implica em nenhum problema, esteticamente falando.

Haveriam outros poemas ainda a falar antes de passarmos à questão da temática social em Tarso de Melo. Iremos nos restringir a "Inóspitos", poema importante pelo que já falamos anteriormente, sobre a "música dissonante" do poeta paulista:

é preciso
exercitar
e desadestrar
continuamente

os ouvidos
para sacar
dos versos
sua sinfonia
insólita
nada óbvia
de mil vozes
discordes
(Ibid., p. 46)

Assim, neste poema metalinguístico e "didático", Tarso de Melo está a defender que as dissonâncias, os "discordes" fazem parte da sinfonia poético-musical de hoje. É necessário então uma readaptação do leitor-ouvinte, aquele que vai fruir o poema. Como vimos anteriormente a poesia tarsiana muitas vezes é entrecortada, elíptica, extremamente sonora, notadamente pelas aliterações e assonâncias muito originais, pelo uso também de uma linguagem cifrada e labiríntica, formando um corpus poético que requisita um leitor sofisticado ou que se adapte às dificuldades intrínsecas ao seu sistema. Deste modo, o poeta não sede, na melhor parte da sua poesia, ao desejo de interação com o fruidor pela via direta, mas sim por um processo que vai além do puro mimetismo das formas.

Além disso, parece-nos que pode haver também outro sentido na expressão da "sinfonia insólita / nada óbvia / de mil vozes / discordes". Novamente volta a ideia de um "eu" multifacetado, plural e, por isso mesmo, descentralizado. Mais do que as 300 ou 350 vozes marioandradinas, Tarso revela que o "eu" pode se desdobrar em mil! E estes "eus" geram o contraditório, o múltiplo, o diverso. Assim, quando falamos em "outro"

Tarso de Melo, para nos referir a poesia *engagée* do autor frente à outra, mais simbólica, de certa forma estamos praticando um reducionismo, pois apontamos principalmente para dois "eus", ao invés de muitos. Todavia, implicitamente, consideramos que cada poema revela um poeta distinto, apesar das analogias que são vinculadas entre as múltiplas vozes de poema a poema.

Por outro lado, uma das possíveis vozes que forma um perfil, um quadro geral, ou mesmo, uma tendência, é a do poeta *engagée*. Já na primeira seção, "Não Sei", timidamente ainda, se insinua o enfoque social. Primeiro, pela questão da dívida histórica com o negro, em "Para uma foto de Gil e Bituca" (Ibid., p. 30). Mas a tendência geral da seção é vazar o enfoque social juntamente com o drama humano de matriz cosmogônica, como por exemplo em "Tarde", poema que não deixa de ter um viés ontológico e reflexivo, como na sua parte final:

> Aqui, sem mar, mergulho
> nas ondas do asfalto,
> conto as gotas de sangue
> anônimas na calçada
>
> e é como se o mundo
> desistisse de respirar.
> (Ibid., p. 28)

Notamos, desta forma, que ao viés social une-se perfeitamente, na última estrofe, a condição humana, pois os que sofrem nas calçadas de uma cidade específica, empiricamente, estão, por outro lado, correlacionados a todos os seres humanos, que por sua vez também estão condenados ao fenecimento, à derrocadas, ao expirar. Trata-se de um poema em que fica maximizada a perda, o sinal de subtração, uma ontologia das negatividades.

Não obstante, apesar de também se insinuar em um ou outro momento da seção "Novos Poemas", é na integralidade de "Novos Desabrigos", derradeira seção do livro, que se dá a vazão da poesia de matiz mais socializante em Tarso de Melo. Neste sentido, vemos um vigor na expressão e no engenho da persona poética que nos faz lembrar apenas, pela virulência e arrojo, o caso de um Ferreira Gullar, de *Dentro da noite veloz*. Assim, temos o caso exemplar deste poema que reconta em síntese parte do drama humano de todos os nossos principais marginalizados, um poema em prosa socializante e historicista, intitulado "Eles querem mais":

> 516 anos. E os índios que estão nas terras que interessam aos brancos são mortos aos montes: sem registro. 516 anos. E os negros que enfrentam os limites definidos pelos brancos são mortos: como culpados. 516 anos. E as mulheres que não acatam (e mesmo quando acatam!) as ordens dos homens são mortas: como suspeitas. 516 anos. E os pobres que não se dobram à máquina que reproduz a riqueza dos ricos são mortos: como inimigos. 516 anos. E os trabalhadores que querem respeito aos direitos que ainda têm são mortos: como uma afronta. 516 anos. E os "diferentes" que não se escondem (e mesmo os quando se escondem!) são mortos: como um mal. 516 anos. E crianças que brincam com brinquedos alheios são mortas: como um aviso de que 516 anos foram pouco. Eles querem mais. (Ibid., p. 70).

Voltando, desta maneira, à uma forma de expressão, a do poema em prosa, só utilizada na primeira seção de *Planos de fuga e outros poemas*, aqui, no caso, adequando bem a prosa à crônica de uma história completa do Brasil vista pela ótica dos "vencidos", ou seja, pelo prisma de suas maiores vítimas, Tarso de Melo atinge um máximo de ressonância. O poema é facilmente compreensível, sem nenhuma sombra de hermetismo ou de interrogação mais filosofante. Os inimigos elencados são explicitados no começo do poema, a elite branca que desde o Brasil Colônia imprime seus ditames, vontades, leis, arbítrios e, principalmente, violência contra os que estão à sua margem. O poeta, por isto mesmo, tem a virtude da contundência, fala o que é verdadeiro, mas difícil de se colocar em palavras claras e sem turbações. A reiteração, do ponto de vista da linguagem, auxilia na força expressiva desta eloquente peça poética, que se articula internamente em forma de um *crescendo* até atingir no final uma espécie de clímax: "... como um aviso de que 516 anos foram pouco. Eles querem mais."

Esta forma visceral de encarrar a realidade, encontrou também uma voz ativa em Ferreira Gullar. Em boa parte de *Dentro da noite veloz*, ele desafia a hierarquia, o *status quo* e alude a triste realidade de milhões de brasileiros. Como, por exemplo em "Poema brasileiro": "No Piauí de cada 100 crianças que nascem / 78 morrem antes de completar 8 anos de idade" (GULLAR, 2001, p. 159). Este terrível flagelo social, já erradicado em boa parte de nossa sociedade, está em sintonia com o espírito de denúncia, com a crítica social tarsiana. Mas em outros momentos, como neste final de "Agosto 1964", a crítica ao sistema, ensejada por Gullar, aparentasse ainda mais à de Tarso de Melo, embora o viés mais otimista do autor de "Poema sujo":

> Digo adeus à ilusão
> mas não ao mundo. Mas não à vida,
> meu reduto e meu reino.
> Do salário injusto,
> da punição injusta,
> da humilhação, da tortura,
> do terror,
> retiramos algo e com ele construímos um artefato
>
> um poema
> uma bandeira
> (Ibid., p. 170)

Aqui o poema está a se apresentar como algo entranhado à vida, como uma espécie de documento. É nesta perspectiva que se elimina a autorreferencialidade poética, em nome da convergência entre poesia e sociedade, ou do que poderíamos denominar de "exterioridade intrínseca".[10] É bom que se diga, no entanto, que a confluência entre realidade e estetismo é uma questão que deve ser tratada com cautela, pois muitas vezes o texto poético é refém do sociológico, o que acontece no caso de Gullar em muitos momentos, como analisamos em ensaio de nosso livro sobre *Três poetas do século XX: consonâncias e dissonâncias entre o sensível*

---

[10] Neste sentido, podemos referenciar a perspectiva integradora de um Antonio Candido (2006) e de um Davi Arrigucci Jr. (1999) que enaltecem a relação entre fatura interna e externa, entre o referente e a estética propriamente dita.

e o imaginário (2018)), sobre facetas da poesia de José Paulo Paes, Ferreira Gullar e Roberto Piva. Mas não se pode negar que quase sempre o ímpeto, a voz ativa e a contundência são marcantes e conferem aos poemas um tom especial.

Entretanto, o caminho de Tarso de Melo, em *Íntimo desabrigo,* embora similar, tem suas distinções. Sua relação com a matéria poética também é pessoal, mas ao contrário do Gullar da década de 1960 e meados dos anos 1970, não há um engajamento a maior parte do tempo. E na última parte do livro de 2017, o viés político parece trair a estética apenas no último poema, que é em tese uma longa citação da sentença condenatória imposta ao cidadão Rafael Braga Vieira por porte e comercialização de narcóticos. As únicas assinaturas do poeta consistem em colocar em estrofes o texto, utilizar todas as palavras, mesmo os nomes próprios, em minúsculas, e, o mais interessante, dar um título criativo ao "poema" ou como ele mesmo denomina: "Toda sentença é um antipoema" (MELO, 2017, p. 79-93).

Talvez, mais do que gesto político, o poema valeria como "Ready-made", se não estive contaminado justamente pelo viés social, que o impregna, tanto pelo próprio título como pela epígrafe que o acompanha. Estes dados além de fundamentais, direcionam toda a leitura, visto que no fundo, valem mais do que o próprio texto "poético". Assim, tal texto é uma nulidade, um objeto que poeticamente não tem valor, mesmo como "Ready-made", pois sem a sua gratuidade. Ele vale sim, por outro lado, como um documento social e histórico, das propaladas "injustiças" praticadas pela lei no Brasil.

Mas um caso muito diverso é o poema "Um país". Aqui a temática social é enfatizada, sem que com isso se perca a mão no que concerne à realidade poética. Pelo contrário, apesar da emoção que transpassa o poema, emoção esta análoga a de muitos dos poemas *engagées* de Ferreira Gullar, há também lucidez e domínio da forma, expressão de um poeta que já há muito tempo domina sua arte:

> Um país que se esconde de si mesmo. Um país que se segrega, exclui, amordaça. Sufoca sua parte incômoda. Mata sem-terras, espanca manifestantes, massacra índios, interna à força dependentes químicos, prende pretos pobres, quando não os mata simplesmente, escorraça as pessoas de rua, toma os direitos de quem trabalha, atropela casas com gente dentro, incendeia favelas, persegue professores e estudantes, entrega suas riquezas para o inimigo. Um país grandioso, como o futuro do país sem futuro. Um país varrido para debaixo do tapete. Tragédias, longamente construídas, sonhos sabotados, desmanches cuidadosos, paixão pelo cadafalso. Um país em silêncio ouvindo o riso – branco, largo, distante – de seus algozes. Um país imbatível nas tarefas do erro. Um país carne-barata: rês a ser abatida para a fome insaciável de meia dúzia de homens. (Ibid., p. 72)

Por trás de toda a revolta e a contundência do poeta, há aspectos formais que devem ser enaltecidos. Primeiramente o viés semântico. O vocabulário parece ser o mais adequado possível para o intento do poeta, nem hermético e nem raso, como poderiam supor alguns em se tratando de uma poesia de caráter participante. O poema pode ser entendido por diversos níveis de leitores, desde o "ideal" até o que começa a se aventurar mais seriamente no mundo da poesia. Este fato não o desabona necessariamente, mas sim multiplica a ressonância da obra de Tarso de Melo. Mas além deste quesito temos outros: a predominância de períodos curtos, que inviabiliza que se perca "o fio da meada" ou, quando estes são mais longos, o uso da enumeração; a utilização de metáforas simples ou da ordem do dia a dia; o parentesco com as fórmulas mais referenciais da arte, uma espécie de "neorrealismo".[11]

Fato também relevante é que mais uma vez o poeta utiliza a forma do poema em prosa, pois parece que esta se adéqua melhor aqui à escrita que flui solta, com a força e o ímpeto da denúncia, que a linguagem em verso poderia tolhir ou, na melhor das hipóteses, deixar em suspenso. Neste sentido, o poeta parece usar com parcimônia e austeridade a prosa, apenas para os casos em que não é possível expressar-se de outra maneira.

Mas para além do viés estético, Tarso de Melo procura de maneira consciente aglutinar à sua obra maior ressonância, podendo talvez referendar este pensamento generalizador, e, com uma ponta de equívoco, presente na teorização crítico-poética de Ferreira Gullar: "O poeta não escreverá, então, para os críticos nem para a 'história literária'. Escreverá, hoje, sobre os fatos de hoje, para os homens de hoje" (GULLAR, 2006, p. 155).

Mas este é apenas um modo de ver as coisas, e talvez apenas o "outro" Tarso fique cativo desta sede de realidade, deste *aqui e agora* poético. Finalizaríamos este capítulo sobre *Íntimo desabrigo*, com um poema, "Nota para quando eu for um sábio chinês de um século distante", em que se apresenta uma visão diametralmente oposta à de Gullar de *Cultura posta em questão*:

---

[11] Que na maior parte da obra poética tarsiana, como vimos até aqui, pouco aparece.

Aprenda na fogueira o que fazer na vida:
Confie que a mínima brasa, se protegida, cuidada, estimulada,
Arderá e espalhará seu fogo ao redor.
(MELO, 2017, p. 20)

Temos, assim, neste poema de natureza "minimalista", breve e eloquente, a expressão do poeta como alguém que pode demandar brilho aos pósteros. Vemos, deste modo, que os poemas das múltiplas vozes de Tarso de Melo, notadamente das duas principais, a saber, a de caráter mais ontológico e cosmogônico, por um lado, e a de caráter social, *engagée*, por outro, fornecem matéria para pensarmos num poeta que se dirige não só aos homens de seu tempo, mas também aos homens que hão de vir.

8

DOIS MIL E QUATROCENTOS QUILÔMETROS, AQUI: UMA NOVA PERSPECTIVA POÉTICA?!

O oitavo livro de poemas de Tarso de Melo, como o título do capítulo acima sugere, é bastante singular. Primeiro, por ser um livro feito a quatro mãos, com a participação também do poeta cearense Carlos Augusto Lima. Cada um dos poetas participa com uma seção de (apenas) onze poemas cada, a de Carlos intitulada "Plantas para Jardim no Brasil", e a de Tarso "Linguagem Imprópria". Além disso, este é o mais breve livro do poeta de *Íntimo desabrigo*, pois os seus onze poemas atingem cerca de vinte páginas. O fato de a Editora Luna Parque, de São Paulo, editar breves livros de poesia, geralmente de duplas de poetas, explica o porquê destas coleções pouco volumosas. *Dois mil e quatrocentos quilômetros, aqui*, assim, parece-nos que fica numa zona intermediária entre a plaquete e o livro propriamente dito.

Mas apesar da pouca quantidade de poemas, o resultado é um opúsculo poético muito instigante. E não só da parte de Tarso de Melo, pois Carlos Augusto Lima, tece poemas de densidade similar aos do poeta paulista. Aliás, diríamos que o título do livro, que talvez evoque a distância física entre os dois poetas, realmente está mais próxima do aqui, da vizinhança poética, do que da longa distância. É bem verdade que ambos tem seus "sotaques", mas estes marcam mais a dicção poética do que uma incomunicabilidade, que não existe. Na verdade falam a mesma língua, a da poesia. Só que com um relevante detalhe: falam a mesma língua no que diz respeito a uma poesia densa e instigante.

Sobre especificamente a parte do livro tecida por Carlos Augusto Lima destacaríamos, dos onze poemas, os seguintes (tanto em termos de armação estrutural como na questão de fundo): "Esta estranha instituição chamada literatura", "Do riso e do esquecimento", "A parte maldita, a parte do fogo" e "A vida nos bosques" (LIMA, p. 14, 15, 18, 20). Não que os outros sete poemas não sejam também relevantes, mas nos parece que estes quatro são superiores. Uma característica singular dos poemas deste poeta cearense é que ele utiliza em alguns momentos títulos inusitados em seus poemas, e por dois motivos: primeiro pelos títulos em si, estranhos ao gosto da crítica, pois fazem referência em muitos momentos à Botânica; depois porque estes títulos não possuem, na maior parte das vezes, relação direta com o que nos é dito nos poemas. Mas o título pode também funcionar como um enigma, para tornar mais densa a atmosfera do poema.

Passemos agora, mais especificamente, a discorrer sobre os poemas tarsianos do livro, que é na verdade o objeto de nosso enfoque. Podemos dizer, a princípio, que a coleção gravita em torno de dimensões diversas, mas não necessariamente antagônicas. Assim, temos, por um lado o surgimento da ironia, que pode ser acre ou mais sutil. Com ela, algumas vezes, surge em decorrência o humor, um humor que diríamos jovial. Há também a vazão de um fundo elegíaco em um ou outro momento. Também poemas que trabalham em um registro mais indistinto. Mas o que se nota como pouco presente é o aspecto ontológico e, por outro lado, a abordagem social, presentes, como vimos nos demais capítulos, mais um ou mais outro, em todos os livros anteriores.

Poema que evoca a falta de originalidade da (na) existência, é o poema inicial, intitulado "Fomes". Trata-se de um poema multifocal, pois possui a abordagem social, existencial, filosófica e ainda guarda uma boa dose de amarga ironia.

pensando bem
tudo já virou ração

um filósofo qualquer
que nos visse diria
que não há nada
em nosso intelecto
tampouco em nosso corpo
que não tenha antes
sido granulado
pelos nossos inimigos

o que se aprende
quando se aprende
já vem mastigado

o que se fala
e tanto se fala
já tinha dono

o que se sente
mal a gente sente
já se tritura
já nos tritura

o que se cospe
deixa sempre um fio
em nossas bocas

a vida talvez

esteja farta
de ver como vamos
assim, sensatos,
desistindo de matar
nossas muitas fomes
ou de morrer por elas

até não importar
que elas nos matem
(MELO, 2018, p. 25-26)

Em primeiro lugar podemos ver o aspecto filosófico de matriz ontológica e existencial, muito à maneira dos existencialistas, especialmente Sartre e Camus. Aliás, o próprio Sartre escreveu sua principal obra, *O ser e o nada*, ligando a ontologia ao aspecto existencial. A vida é vista em termos do ser, como algo sem autenticidade, quer do ponto de vista filosófico, quer fisiológico, quer volitivo. Quando deixamos "de matar / nossas muitas fomes / ou de morrer por elas" acontece implacavelmente "que elas nos matem". Nossos desejos, sonhos, aspirações reais, são em inúmeros eventos e passagens da vida soterrados pela resignação e nos contentados com a ração do dia, com as mesmices do sempre (mesmo?) lugar. A poesia pode ser este *Lugar algum*, este *Íntimo desabrigo*, onde contraditoriamente o poeta, e seus verdadeiros leitores, podem se sentir livres para criar a autenticidade, que não é achada em nenhum outro lugar.

Por outro lado, além do viés mais filosófico e simbólico, também temos o sociológico. O poema deixa transparecer, em alguns momentos, lampejos do que Foucault (1999) denominou de "controle social". Assim, o aprender, o falar, até as próprias emoções estão carregadas pelas tintas que uma casta, ou melhor dizendo, toda uma estrutura social de controle exerce política e socialmente sobre os *sujeitos*, pois se sujeitam e não podem mais ser vistos como *indivíduos*. Assim, vemos que Tarso constrói bem a relação entre a questão mais propriamente ontológica e a social, sendo que um dos artifícios para isso é a utilização da ironia.

Todavia, neste poema pesaroso, não há espaço para o riso, para o humor. A ironia, como dissemos é amarga, mas se faz pelo viés da crítica sem recorrer ao expediente da pilhéria. Aliás, como defende Linda Hutcheon: "Um dos conceitos errôneos que os teóricos têm de enfrentar é a fusão de ironia e humor." (HUTCHEON, 2000, p. 20) Embora haja relações entre a ironia e o humor, diz-nos a autora canadense, não se pode tomar o irônico *strictu sensu* como o humorístico. Na verdade aqui a ironia possui um viés crítico, crítico tanto da sociedade (abordagem social), como da natureza humana (enfoque filosófico: existencial/ontológico).

O poema seguinte, no entanto, já perfaz outro caminho. Intitula-se "À flor do asfalto" e trata da evocação da memória. Dividido em três partes, que guardam uma simetria temática e formal, tem um tom extremamente lírico, com um *quê* elegíaco, principalmente na última parte. Mas já na primeira temos a expressão de um sublime entranhado mesmo com a expressão do singelo, como quando o *eu expresso* afirma: "alguém que talvez pareça / com minha vó que nunca vi / me olha através da cortina de linguiças" (MELO, 2018, p. 27). Assim, pela evocação da avó, e também do avô em outra passagem do poema, temos a presença dos antepassados na constituição da *persona* poética. Este mote também é o mesmo nas outras partes. Na segunda os mortos, os esquecidos, são evocados deste modo: "você não reza seus mortos" (Ibid., p. 29). Temos um jogo, desta forma, de presença e ausência, dos antepassados: talvez esquecidos por uma memória mais sensitiva, mas presentes através de uma memória que definiríamos como *sistêmica*, advinda do conjunto de memórias de uma família.

Citaríamos, para fecho deste poema, a primeira estrofe da terceira parte, que nos refere ao esquecimento, se não dos antepassados, de um tempo que de alguma forma deve ser evocado, mesmo que em "micropartículas", papel da poesia:

> o retrato de família
> talvez
> ou outra coleção de escombros
> vai embora na caçamba
> ali outra e outra e outra
> havia nomes dentro das casas
> havia homens dentro dos nomes
> mulheres moravam sob essas telhas
> janela adentro havia amores
> e as manchas todas da noite
> havia sombras e ainda há
> (Ibid., p. 30)

Este poema a evocar o pretérito, a memória no que tem de mais nostálgico e sublime, diz-nos muito. O sentimento de um passado que não volta mais e que só pode ser resgatado por fios da memória, ela mesmo em si algo inconstante e frágil, revela-nos que a realidade é algo passageiro e que a vida derivada dela também é um compósito bastante precário. Assim, os "escombros" da memória, a significar a fugaz lembrança do que fomos, do que somos! Talvez resistamos, nós, vivos ou mortos, enquanto "sombras", enquanto formos evocados pela pálida ou tênue lembrança de alguns, ou talvez mais, enquanto rica herança psicológica na existência dos que conosco convivem ou daqueles que receberão, tal qual psíquico tesouro, esta herança.[12]

Outro poema relevante dentro do pequeno livro que contou com a presença de Tarso de Melo, é o que dá título à sua parte, "Linguagem imprópria". Apesar de ele parecer despojado, simples, não é de uma simplicidade que estaria relacionada a superficialidade, visto que nos diz muito. É composto de apenas sete versos:

> a poesia, quem sabe,
> é um pouco o avesso
> do que o dia impõe
>
> uns versos inscritos
> em condições adversas
>
> algumas formas de apego
> a noite mais clara do ano
> (Ibid., p. 33)

---

[12] É que no poema, e também para certa área da psicologia, principalmente a devotada para uma orientação sistêmica, os antepassados que não conhecemos "residem" em nós. Isso é evidente, do ponto de vista orgânico. Mas também pode ser defendido através de uma perspectiva psíquica. Assim, trazemos os "esquecidos" conosco e quando formos "esquecidos" de certa forma seremos lembrados, pois estaremos no inconsciente das gerações vindouras.

O aspecto talvez mais interessante do poema seja a simbologia da oposição entre o elemento diurno e o noturno. O primeiro representaria o aspecto mais prático da existência, o labor, as atividades em torno das relações humanas. Também o empreendimento racional. Já o noturno relaciona-se com o aspecto simbólico, com o domínio do lúdico, das aspirações mais prazerosas e elevadas do ser humano. Relaciona-se principalmente com a imaginação.

Podemos assim ver esta questão pelo olhar de Maurice Blanchot, através dos livros já citados anteriormente neste ensaio. Assim, a referência da criação como "a noite mais clara do ano" representa um pouco a ideia do recorte que é feito na infindável inspiração. Tal recorte estabelece um porto seguro, uma delimitação no que é pura deriva, vertigem, zona de exorbitância, contínuo murmúrio de quem está sob o poder da inspiração. Desta forma, há a passagem da noite escura para a noite clara, do inominável para o que tem nome, a obra materializável, o poema em ato.

Ademais, a passagem que remete às "condições adversas" na hora de materializar os versos do poema, não está em desacordo com o restante do poema. Parece estar relacionada com a pouca importância dada, no contexto social, à poesia, pois são raros, como já mencionamos anteriormente, os que dão valor e leem os poetas contemporâneos.

Outro poema que podemos destacar é "Tigre", principalmente pelo seu sentido latente. Nas "artes infalíveis do ataque", podemos entender que está circunscrito o próprio ofício do poeta, com seus "nervos de aço" em meio ao "mar de papel" (Ibid., p. 34). Assim, criar como nós já mencionamos mais de uma vez neste ensaio, através do que nos é dito por Octavio Paz e Cioran, é algo que exige uma violência sobre a palavra, sobre a linguagem. Esta metáfora do poeta como tigre, como fera, parece caminhar neste sentido. E no ato de criação, na formulação própria de seu engenho, está "sua mente a mil / mas serena / quieta" (Ibidem). Portanto, atingido pelo infindável fluxo da inspiração, o que poderia levar à exasperação, consegue, com *ataraxia*, materializar o poema, tecer o recorte no seu infindável tecido.

Ademais, "um amanhã a cada manhã" (Ibidem). Portanto, a noite e sua virtualidade vão-se embora. O poema é materializado, com o dia que chega. Se a noite é perdição, o dia traz a materialização do que havia permanecido como o espaço do indizível. Neste sentido, há um outro rearranjo para a dicotomia noite-dia. Diversa da expressa no poema anterior, "Linguagem imprópria". O dia, em "Tigre", já não é tanto o reino das coisas práticas, mas sim o da expressão do dizível, da nomeação do possível frente ao impossível que, em sua infinita extensão, noturna, é-nos exorbitante.

O poema seguinte "Avesso", além de belo, versa sobre antinomias. O contraste entre o que escondemos ou dissimulamos e o que realmente demonstramos é o mote desta peça poética, como fica explícita na sua parte final:

> a cabeça esconde sins
> nos porões de cada não
>
> insuportáveis
>
> suas palavras doces
> amargam mil silêncios
> (Ibid., p. 35)

A questão da autenticidade é o que está em jogo aqui. Mas também a da expressão de nossa verdade pessoal. Assim, o insuportável é relembrarmos o que poderíamos manifestar e não o fazemos, por uma limitação geral que nos assola. Este é mais um poema tarsiano que nos remete à questão da incomunicabilidade fundamental existente entre o ser humano e que filmes como *A noite*,[13] da *Trilogia da Incomunicabilidade*, de Michelangelo Antonioni, retratam muito bem, como já o mencionamos.

Outro poema que remete a esta mesma questão da falta de diálogo entre os homens é o intitulado "Digo", penúltimo da seção. Tratado de maneira irônica, com sutileza, revela que muitas vezes no processo de comunicação inautêntico podemos nos perder, pois a subjetividade e a intersubjetividade são esferas do diálogo que podem soçobrar diante do silêncio, da não-comunicação, do vazio expressivo. Neste sentido é especialmente relevante a parte final do poema:

> e se assim
> meu silêncio
> roubar de nós
> o melhor
> que você
> poderia ser
> (Ibid., p. 44)

[13] Em *A noite* é antológica a falta de sintonia e a forma de expressá-la entre os personagens que formam o casal vividos por Jeanne Moreau e Marcello Mastroianni.

Falando do silêncio, que não necessariamente é um problema, como no poema acima, temos o importante "Formas de silêncio". O poema é divido em cinco partes. E a primeira faz um contraponto entre o silêncio e a algazarra, contraponto na verdade inexistente se esta de algum modo não for controlada em algum momento, como parece ser o caso desta bem-humorada e irônica peça tarsiana:

> evitando ao máximo
> qualquer atrito
> com o que vocês dizem
> investigo as formas
> que o silêncio assume
> quando tudo zune
> e buzina
> (Ibid., p. 36)

O poeta faz aqui, portanto, piada diante da balbúrdia contemporânea. Haverá realmente espaço para esta poética do silêncio? Lembrando que a música é uma mistura de sons e silêncios. Por que não pode o poema ser pensado como uma mistura de signos e espaços em branco? Ou seja, silêncios da escrita?! Neste sentido, a quarta parte do poema, evoca através também do humor que "cientistas comprovam / a existência / de milhões de poemas / no mar branco / que se abre a cada letra / colada no papel" (Ibid., p. 39). Não seria o livro de papéis em branco, ou seja, o livro não-escrito, a resposta ao constante murmúrio da inspiração? Este seria o verdadeiro silenciamento da escrita. Porém, o poeta é um ser de palavras, e se faz pela palavra, habitando nela, como nos expõe Octavio Paz (1984).

Haveriam outros poemas a serem descortinados. Como "Poema tirado da caixa de spam", irônico e humorístico, mas de um humor jovial. Também "Matas", em que compara a devastação das matas na região de São Paulo e das poucas árvores que sobraram da vegetação original, ou seja, 7%, ao número de poemas que sobrevivem ao percurso da recepção nacional e da tradução para as outras línguas, muito menos de 7%. Mas nos dedicaremos um pouco mais a falar de "Aço e pedra", poema que se nos parece mais instigante e do qual citamos a primeira estrofe:

> não é todo ano que merece um poema
> nem todo amor ou tormenta que desagua
> com a forma imprecisa dos verbos
> fazendo mover o que era calmaria
> na superfície do silêncio que arrastei até aqui

Temos aqui, talvez, a justificação deste libreto. A coleção exígua, sucinta de "Linguagem Imprópria", que junto com a parte de Carlos Augusto Lima forma *Dois mil e quatrocentos quilômetros, aqui*, encontra na expressão de que "não é todo o ano que merece um poema", a vazão de que mais que a quantidade, importa a qualidade. Também que circunstâncias especiais devem fomentar o advento de um poema, pelo menos de um poema que seja entendido como algo denso e duradouro, mesmo que ele esteja envolto às condições temporais. Da mesma forma, também o silêncio é posto mais uma vez como algo relevante. Talvez como condição para criar, a "calmaria" antes do vertiginoso processo de inspiração e materialização do poema.

Assim, este último livro de Tarso de Melo, enseja muitas contribuições para o seu currículo poético. Descontando o primeiro poema, de natureza mais filosófica e participativa, os outros ficam devendo um pouco às perspectivas ontológica e social que nos outros sete capítulos deram as cartas. Criando a partir da ironia e, às vezes, com certo humor, o poeta realiza uma transgressão em sua própria obra, apresentando uma nova perspectiva poética. Analogamente, também o aspecto elegíaco que vimos em menor número, também a quase indistinção de temas aqui e ali produzida. Mas também a volta ao silêncio, ao ato de criação poética, igualmente foram destacadas. E assim, no pouco, ou no quase nada, Tarso de Melo consegue expressar muito e reoxigenar sua poesia, o que é algo notável.

CONSIDERAÇÕES FINAIS

A partir deste ensaio, enfeixado em oito breves capítulos, podemos perceber alguns aspectos mais constantes na poesia de Tarso de Melo. Primeiramente, a questão ontológica, muitas vezes trabalhada na Filosofia como algo abstrato e sem conexões com o mundo sensível, no século XX, principalmente, em especial com a Fenomenologia e o Existencialismo, ganhou um alcance existencial. A ontologia, a questão do *ser* para Tarso de Melo, é um problema cósmico, mas também ligado à vida ordinária, ao ser humano.

Assim, a nossa visada procurou enaltecer a relação do ser com o não-ser, com a perda, com a subtração, com o que denominamos de Máquina de Negatividade, que na poesia brasileira poderia ser o avesso da máquina enigmática drummondiana, presente em *Claro enigma*. Mas para o autor de *Carbono* também há espaço para o surgimento do mistério poético, como ficou mais evidente em *Caderno inquieto*.

Este mistério pode ser aquele tradicional da poesia (mas sempre novo, pois nova é a forma de manifestá-lo), que é o da indagação das próprias fontes da vida e do destino dos homens, mas também aquele em torno da zona de imprecisão que marca a criação poética. Neste sentido, a teorização de Maurice Blanchot foi-nos fundamental. Entendendo a criação como recorte do infinito tecido da inspiração, o poeta acaba dando um limite ao ilimitado, costura um tecido virgem e sem ranhuras, dando uma feição ao que é pura indeterminação. Desta forma, ao poema em si, imaterializável, pura virtualidade, o poeta responde com o poema em ato, que é material, ser de palavras.

E é neste sentido, para Octavio Paz, que o poema enquanto palavra, palavra inaugural, constitui o poeta em força expressiva, mas só na medida em que o leitor potencializa esta força. Por outro lado, Blanchot possui uma visão distinta. O poeta soçobra na circulação do poema, transformando-se num "ele", cabendo ao leitor o protagonismo diante do poema. Utilizamos em momentos diversos estas duas visões divergentes, mas não necessariamente opostas, acerca da questão da autoria, por vermos que o registro do estatuto do "eu poético" em Tarso de Melo é também distinto conforme mude o livro e, mesmo, conforme mude o poema. Além do mais, ainda houve casos em que olhando pelo prisma de Michael Hamburger, ou seja, da recuperação do "eu empírico", vimos a oportunidade de apontar, sem contudo desenvolver a perspectiva, de que também há momentos na poesia tarsiana que a biografia pode se fazer presente. Estas visões conflitantes o são porque a poesia do autor de *Lugar algum* também adota o conflito, pois ela é regida pelo contraditório e pelo múltiplo. E, afinal, a poesia é o espaço do equívoco, da verdade paradoxal, tal como podemos interpretar na perspectiva ambígua de poesia de Octavio Paz.

Outro aspecto importante é a questão do referente em Tarso de Melo. Em muitos poemas há a presença da autorreferencialidade, visto que eles tratam do próprio estatuto da poesia ou da criação poética, sendo, portanto, metalinguísticos. Mas na grande maioria, há a presença nos poemas de componentes que envolvem uma espécie de campo referencial. Este pode ser o "concreto", a partir de uma perspectiva mais a fim com uma espécie de "neorrealismo". Os poemas engajados de *Lugar algum*, *Exames de rotina* e *Íntimo desabrigo* levam a pensar, na sua maioria, nesta corrente artística que atingiu talvez seus maiores esplendores no cinema italiano pós Segunda Guerra

Mundial. No caso deste último livro, pareceu-nos instigante realizar a comparação com a poesia participante de Ferreira Gullar das décadas de 1960 e 1970, especialmente de *Dentro da noite veloz*. Esta comparação nos serviu para demonstrar que os dois poetas tem momentos de expressão de forte emoção, de contundência poética e que, nos melhores momentos, conseguem fazer alta poesia.

Esta poesia *engagée*, em alguns momentos, é tão aguda na perspectiva tarsiana que se permite a certas "fixações". Uma nos vem à mente em especial. No livro *Íntimo desabrigo*, no poema (ou como o próprio autor intitulou de maneira acertada "antipoema"), em que há a referência à sacola plástica ou mochila que o acusado de tráfico de entorpecentes, Rafael Braga Vieira, teria usado para comercializar narcóticos e pela qual foi condenado em juízo, há um interessante detalhe que não nos parece pura coincidência. Pois há em dois poemas a referência à palavra "mochila", uma no começo do primeiro capítulo, no poema que dá título ao livro, e outra mais adiante, "Estilhaços", em que o poema é considerado como "mochila que pesa mais e menos". Assim utilizando a "mochila" como metáfora, Tarso de Melo presta mais uma homenagem ao cativo, agora estritamente de natureza simbólica, através de uma rede intertextual que atravessaria o livro de 2017. Assim, a "mochila", ou seja, o poema, pesa mais por ser a linguagem mais elevada e, por outro lado, pesa menos por se constituir em uma inutilidade. Mas, quem sabe, a mais importante das coisas inúteis.

Mas além deste Tarso de Melo *engagée*, portanto, que se volta às coisas mais sensíveis, temos outro que se volta à perspectiva que vai além do figurativo. Neste sentido, há a abertura para o simbólico, para a imaginação, bem como para a dissonância e a deformação poética. Uma nova forma de olhar a realidade e, ao mesmo tempo, de trabalhar com a linguagem. Assim, o que aparece como indesejado pelos leitores contemporâneos pode ser o mais rico e sofisticado para os pósteros. A dissonância e a deformação em Tarso de Melo podem advir de uma série de fatores, como procuramos demonstrar: o uso de uma linguagem entrecortada; presença de elipses; utilização original da pontuação; sonoridades variadas via figuras de linguagem, que são tecidas de maneira sofisticada, etc.

Além disso, a forma de se exprimir pela concisão, ou seja, por uma espécie de minimalismo poético, tão constante nos dois primeiros livros de Tarso de Melo, faz com que pensemos também em mais um fator para a irrupção de uma poesia inovadora, pois é na expressão concentrada, do pouco que pode-se atingir o muito, o máximo. Assim, muitas vezes as dissonâncias estão presentes pelo fato do poeta se exprimir concisamente, sem os contornos formais que ensejariam sonoridades mais "agradáveis" aos ouvidos.

Há também o caso de outras "fixações" de Tarso de Melo. Para uma poesia, em boa medida, avessa à grandiloquência, o *silêncio* pode ser evocado. E é o que o poeta faz. Ele pode ser visto até ironicamente, como uma impossibilidade enquanto vivermos, como no poema já citado de seu último livro, de 2018: "investigo as formas / que o silêncio assume / quando tudo zune / e buzina". Mas em outros momentos o silêncio é condição *sine qua non* para a criação e seria, talvez, um antídoto à ilimitada sede de escrever ("silenciamento da escrita"), sede esta que a exorbitante inspiração produz no poeta em geral.

Outra obsessão aparece em livros como *Carbono* e *Caderno inquieto*, o rio. Constante fluxo de palavras, com o seu fluir heterogêneo, recortado entre às margens, o "rio-poema" esconde em suas águas: preciosidades, enigmas, mistérios, segredos, entre o dia e a noite da criação poética. Cabe mesmo enquanto metáfora da expressão do autor, que se materializa em poema, em palavra poética e como diz Tarso de Melo, "O que se há de dizer escapa: cruza o rio de palavras / e chega, cada vez mais seco, à outra margem", onde encontra o leitor, aquele que poderá perenizar, se for o caso, o poema.

Por outro lado, o *dia* e a *noite,* além de cenários da poesia tarsiana, representam também o digladiar entre a inspiração e a concreção da obra. A noite pode ser vista como o espaço da vertigem, da errância, da perdição, onde o poeta sucumbe ao ilimitado. Mas é a partir do recorte que faz, pelo passo certo, mas limitado, zona mapeada e por isso mesmo restrita, que o poeta dá vazão ao dia, às luzes da obra composta e mensurada.

Não obstante, o dia também representa, como vimos em certos poemas, o conhecimento racional, bem como o âmbito da maioria dos homens. Espaço do senso comum, o poeta deve transcendê-lo. E é só através do olhar para o espaço noturno, que ele encontrará às ferramentas necessárias para tanto. É claro que há os poetas diurnos, "solares", como João Cabral de Melo Neto, ou ainda Alberto Caeiro, mas nem mesmo estes deixarão de ignorar todo o tempo os esplendores da noite. O próprio Cabral fez no final da vida poemas "metafísicos". E Caeiro é uma das faces (a mais diurna) de Fernando Pessoa, que também possui o registro noturno. Desta forma, a dicotomia noite-dia serviu para enaltecermos certos aspectos da produção poética tarsiana, bem como pensar na questão da inspiração e do próprio fundamento da poesia, principalmente a partir de um viés blanchotiano.

Por outro lado, também aferimos que haveriam "dois" Tarsos entranhados em sua poesia até a publicação de sua última obra poética, em 2018: um que se volta mais para o poema, exprimindo uma cosmovisão específica em relação ao homem em geral e, outro, que se voltaria mais para o fenômeno social, para o contexto histórico, falando do homem empírico, do cotidiano. Entretanto, em *Dois mil e quatrocentos quilômetros, aqui* lançamos a hipótese de um terceiro Tarso de Melo, muito mais irônico e humorístico (cético em certa medida) do que pessimista ou promotor de uma visão negativa da realidade. Precisaremos aguardar os próximos livros do poeta, para ver se a tendência toma corpo, ou se foi somente um arroubo momentâneo.

Antes de finalizarmos, parece-nos relevante expor algo que defendemos no terceiro capítulo e que diz respeito ao estatuto da poesia. Reconhecendo que a poesia é em parte jogo e também trabalho com a forma ou com as estruturas, defendemos que ela não pode ficar no entanto cativa exclusivamente destas perspectivas. A poesia pode ser também vista a partir de uma perspectiva integradora e multidimensional, que não esquece o lúdico e o formal por um lado, mas que por outro integra uma cosmovisão e os aspectos mais contextuais. Este foi o modo pelo qual procuramos ler a obra, os até aqui oito livros de poesia de Tarso de Melo. Assim, esperamos ter acertado mais do que errado na abordagem que fizemos, possibilitando lançar luzes sobre tal obra, que não necessariamente representam verdades e afirmações contundentes, mas sim problematizações e questionamentos que podem gerar a dúvida benfazeja, outras questões por trás das questões já postas de antemão.

Enfim, apesar de tudo o que afirmamos e defendemos em nosso ensaio, principalmente da concepção entrópica e negativa da realidade, onde toda a matéria parece vazada pelo sinal de menos, pela subtração e, por outro lado, a visão também pessimista do poeta *engagée*, onde os marginalizados tendem a continuar marginalizados (o são historicamente) e a sofrer cada vez mais, nem tudo parece estar perdido no âmbito da poesia tarsiana. A própria poesia, o fazer poesia, engendra algo de muito positivo, um reverter de sinal, quando se pensa que o leitor pode reelaborar, ressignificar o que nasceu sob o signo da perda e da desilusão.

REFERÊNCIAS BIBLIOGRÁFICAS

ALVIM, Francisco. *Elefante*. São Paulo: Companhia das Letras, 2000.

_________. *O metro nenhum*. São Paulo: Companhia das Letras, 2011.

ANDRADE, Carlos Drummond de. *Nova reunião: 23 livros de poesia*. São Paulo: Companhia das Letras, 2015.

ANDRADE, Mário de. *Poesias completas* (Edição crítica de Diléa Zanotto Manfio). Belo Horizonte: Villa Rica, 1993.

_________. *A lição do amigo: cartas de Mário de Andrade a Carlos Drummond de Andrade*. São Paulo: Companhia das Letras, 2015.

ANJOS, Augusto dos. *Obra completa* (Org. Alexei Bueno). Rio de Janeiro: Nova Aguilar, 1996.

ARRIGUCCI JR., Davi. *Outros achados e perdidos*. São Paulo: Companhia das Letras, 1999.

BAUDELAIRE, Charles. As flores do mal (Tradução, introdução e notas de Ivan Junqueira – edição bilíngue). Rio de Janeiro: Nova Fronteira, 1985.

_________. *Pequenos poemas em prosa* (Tradução de Dorothée de Bruchard – edição bilíngue). 2ª edição revista. Florianópolis: Editora da UFSC, 1996.

BAUDRILLARD, Jean. *A ilusão vital* (Tradução de Luciano Trigo). Rio de Janeiro: Civilização Brasileira: 2001.

BERGE, Damião. *O logos heraclítico*. Rio de Janeiro: Instituto Nacional do Livro, 1969.

BLANCHOT, Maurice. *O espaço literário* (Tradução de Álvaro Cabral). Rio de Janeiro: Rocco, 1987.

_________. *A parte do fogo* (Tradução de Ana Maria Scherer). Rio de Janeiro: Rocco, 1997.

_________. *A conversa infinita* (Tradução de Aurélio Guerra Neto). São Paulo: Escuta, 2001.

BUENO, Alexei. *Uma história da poesia brasileira*. Rio de Janeiro: G. Ermakoff, 2007.

CAMUS, Albert. *O mito de Sísifo* (Tradução de Mauro Gama). 3ª edição. Rio de Janeiro: Guanabara, 1989

CANDIDO, Antonio. *Literatura e sociedade*. 9ª edição revista pelo autor. Rio de Janeiro: Ouro sobre Azul, 2006.

CARDINAL, Roger. *O expressionismo* (tradução de Cristina Barczinski). Rio de Janeiro: Jorge Zahar, 1988.

CHACAL. *Tudo (e mais um pouco: poesia reunida (1971-2016)*. São Paulo: Editora 34, 2016.

CIORAN, Emil Michel. Écartèlement. Paris: Gallimard: 1993.

_________. *Breviário de decomposição* (tradução de José Thomaz Brum). Rio de Janeiro: Rocco, 1995.

_________. *De l'inconvénient d'être né*. Paris: Gallimard (Collection Folio Essais), 2002.

CRUZ E SOUSA, João da. *Obra completa* (Organização de Andrade Murici / Atualização e notas de Alexei Bueno). Rio de Janeiro: Nova Aguilar, 1995.

DERRIDA, Jacques. *A farmácia de Platão* (Tradução de Rogério da Costa). 3ª edição revista. São Paulo: Iluminuras, 2005.

DUARTE NETO, Henrique. *Três poetas do século XX: consonâncias e dissonâncias entre o sensível e o imaginário*. São Paulo: Córrego, 2018.

FOUCAULT, Michel. *Microfísica do poder* (Organização e tradução de Roberto Machado). Rio de Janeiro: Edições Graal, 1979.

___________. *Vigiar e punir: nascimento da prisão* (Tradução de Raquel Ramalhete). 20ª edição. Petrópolis: Vozes, 1999.

GIRARD, René. *A violência e o sagrado* (Tradução de Martha Conceição Gambini). 2ª edição. Rio de Janeiro: Paz e Terra, 1998.

_________. *Le bouc émissaire*. Paris: Grasset, 2003.

GULLAR, Ferreira. *Toda poesia (1950-1999)*. Rio de Janeiro: José Olympio, 2001.

_________. *Cultura posta em questão* e *Vanguarda e subdesenvolvimento*. 2ª edição. Rio de Janeiro: José Olympio, 2006.

HAMBURGER, Michael. *A verdade da poesia: tensões na poesia modernista desde Baudelaire* (Tradução de Alípio Correia de Franca Neto). São Paulo: CosacNaify, 2007.

HEIDEGGER, Martim. Ser e tempo (Tradução de Fausto Castilho – edição bilíngue). Campinas: Editora da UNICAMP, 2012.

HUIZINGA, Johann. *Homo ludens: o jogo como elemento da cultura* (Tradução de João Paulo Monteiro). 8ª edição. São Paulo: Perspectiva, 2014.

HUTCHEON, Linda. *Uma teoria da paródia*: ensinamentos das formas de arte do século XX (Tradução de Tereza Louro Pérez). Lisboa: Edições 70, 1985.

_________. *Teoria e política da ironia* (Tradução de Julio Jeha). Belo Horizonte: Editora da UFMG, 2000.

KAFKA, Franz. O processo (Tradução de Modesto Carone). São Paulo: Companhia das Letras, 1997.

LEMINSKI, Paulo. *Toda poesia*. São Paulo: Companhia das Letras, 2013.

LIMA, Carlos Augusto e MELO, Tarso. *Dois mil e quatrocentos quilômetros, aqui*. São Paulo: Luna Parque, 2018.

LIMA, Carlos Augusto. "Plantas para jardim no Brasil". In: LIMA, Carlos Augusto e MELO, Tarso. *Dois mil e quatrocentos quilômetros, aqui*. São Paulo: Luna Parque, 2018.

LIMA, Ricardo. *Primeiro segundo: poemas*. São Paulo: Arte Pau-Brasil, 1994.

MELO, Tarso de. *A lapso*. Santo André: Alpharrabio Edições, 1999.

________. *Carbono*: poemas. São Paulo: Nankin, Santo André: Alpharrabio Edições, 2002.

________. *Caderno inquieto*. São Paulo: Dobra Editorial, 2012.

________. *Poemas 1999-2014*. São Paulo: Dobra Editorial, 2015.

________. *Íntimo desabrigo*. São Paulo: Dobradura Editorial e Alpharrabio Edições, 2017.

________. "Linguagem imprópria". In: LIMA, Carlos Augusto e MELO, Tarso. *Dois mil e quatrocentos quilômetros, aqui*. São Paulo: Luna Parque, 2018.

MELO NETO, João Cabral de. *Obra completa* (Organização de Marly de Oliveira). Rio de Janeiro: Nova Aguilar, 2003.

NIETZSCHE, Friedrich. *Obras incompletas* (Tradução de Rubens Rodrigues Torres Filho). São Paulo: Abril Cultural, 1983. (Coleção Os Pensadores)

PAES, José Paulo. *Poesia completa* (Apresentação de Rodrigo Naves). São Paulo: Companhia das Letras, 2008.

PAZ, Octavio. *O arco e a lira* (Tradução de Olga Savary). 2ª edição. Rio de Janeiro: Nova Fronteira, 1984.

________. *A outra voz* (Tradução de W. Dupont). São Paulo: Siciliano, 1993.

PESSOA, Fernando. *Obra poética*. (Organização, introdução e notas Maria Aliete Galhoz). Rio de Janeiro: Nova Aguilar, 1995.

PIVA, Roberto. *Paranoia*. 3ª edição. São Paulo: Instituto Moreira Salles, 2009.

RIMBAUD, Arthur. *Prosa poética* (Tradução, prefácio e notas de Ivo Barroso – edição bilíngue). 2ª edição. Rio de Janeiro: Topbooks, 2007.

SARTRE, Jean-Paul. *O ser e o nada: ensaio de ontologia fenomenológica* (Tradução e notas de Paulo Perdigão). 24ª edição. Petrópolis: Vozes, 2015.

SCHOPENHAUER, Arthur. O mundo como vontade e representação (Tradução de M. F. Sá Correia). Porto: Rés, s/d.

WILLER, Claudio. *Estranhas experiências e outros poemas*. Rio de Janeiro: Lamparina, 2004.

WISNIK, José Miguel. "Iluminações profanas (poetas, profetas, drogados). In: NOVAES, Adauto. *O olhar*. São Paulo: Companhia das Letras, 2002.

pólen soft 80 gr/m2
tipologia athelas
impresso no verão de 2021